Über dieses Buch Im ersten Drittel unseres Jahrhunderts war Alfred Kerr der unbestritten einflußreichste Theaterkritiker Berlins, gefürchtet und bewundert zugleich. Mit der Machtübernahme durch die Nazis ging seine Journalistenkarriere abrupt zu Ende. Er mußte ins Exil, seine Bücher landeten unter dem *Feuerspruch* »Gegen dünkelhafte Verhunzung der deutschen Sprache, für Pflege des kostbarsten Gutes unseres Volkes! Ich übergebe der Flamme die Schriften von Alfred Kerr« auf dem Scheiterhaufen. Mit seinen Kritiken ist Alfred Kerr längst in die Literaturgeschichte eingegangen. Weniger bekannt ist heute, daß er auch ein bedeutender Erzähler (Reisebeschreibungen) und Lyriker (mit Anklängen an Heine) war. Im Exil erschienen seine beiden entschiedensten Bücher: ›Die Diktatur des Hausknechts‹ (Brüssel, 1934) und ›Melodien‹ (Paris, 1938). Im ersten rechnet er sprachgewaltig und streckenweise deftig wie Hans Sachs mit den Nazis ab; mehr aber noch mit den Mitläufern und den internationalen Repräsentanten, die zusammen das Regime überhaupt erst möglich machten. Zorn schüttet er beispielsweise über Gerhart Hauptmann aus, den er einst mitentdeckt und gefördert hatte. Hauptmann blieb im Lande und ließ sich von den neuen Herren als Vorzeigefigur benützen. Die Gedichte-Sammlung ›Melodie‹ (Generalthema: Heimweh) widmete er dem »besten Freund, den ich im Leben traf, zu immerwährendem Dank« Rudolf K. Kommer. Nach neuesten Entdeckungen von Zeithistorikern war Kommer ein Agent der Nazis. Auch das war Exil.

Der Autor Alfred Kerr, 1867 in Breslau geboren, studierte Philosophie und Germanistik in Breslau und Berlin; war jahrzehntelang führender Theaterkritiker ebendort; ausgedehnte Weltreisen; emigrierte im Februar 1933 über die Schweiz und Paris nach London, wo er den größten Teil seines Exils verbrachte. Alfred Kerr starb 1948 in Hamburg nach einem Schwächeanfall während seines ersten Besuches im Nachkriegsdeutschland.

Alfred Kerr

Die Diktatur des Hausknechts und Melodien

Nachwort Walter Huder

Fischer
Taschenbuch
Verlag

Bibliothek der verbrannten Bücher
Herausgegeben von Hein Kohn
und Werner Schartel

Ungekürzte Ausgabe
Fischer Taschenbuch 5184
November 1983
Fischer Taschenbuch Verlag GmbH, Frankfurt am Main
Lizenzausgabe mit freundlicher Genehmigung
des Konkret Literatur Verlag GmbH, Hamburg

Umschlaggestaltung: Max Bartoll
Gesamtherstellung: Hanseatische Druckanstalt GmbH, Hamburg
Printed in Germany
1280-ISBN-3-596-25184-2

Torsprüche

I.

Es gibt nationale Besinnung
ohne subalterne Gemeinheit.

II.

»Erhebung« ... mit Niedrigkeit. (Komik).

III.

»Vaterlandsfeind«... (Ein Straßenräuber spricht zu dem Geplünderten: »Ich erkläre Sie für einen Feind Ihrer goldnen Uhr«).

IV.

Was müßte das Ausland zur Hitlerei sprechen? — Diesen Satz, den ich aus der Jugend im Gedächtnis behielt. Er stand in einer harmlosen Erzählung:
»On ne se bat pas avec des gens
comme vous - on les exécute«.

V.

Die größte Gefahr liegt nicht in der Ausübung der Unethik: sondern in ihrer Duldung.

VI.

Vom Historiker sagt man: er ist ein rückwärtsgerichteter Prophet.
Der Nazi ist: ein rückwärtsgerichteter Prolet.

VII.
Die Kaffrigsten, Tiefstehenden, Wirrdümmsten — aber sehr befähigt zu vier Dingen: 1. Drill. 2. Kitschphrasen. 3. Mord. 4. Fälschung der Statistik.

VIII.
Wirtschaft.
Auf mehrere Köpfe haben die Nazis einen Preis gesetzt, darunter auf meinen. Sie stahlen amtlich mein letztes Geld, mein letztes Bild, mein letztes Buch. Sie zahlen also meinen Kopf mit meinem Geld. Komisch.
Der erste Schritt zur Brechung der Zinsknechtschaft.

IX.
Das elfjährige Mädchen (aus Deutschland vor Lumpen geflohen, die Kinder demütigen) sagt in Paris - auf einem Wohnungsaltan, der zwischen dem Eiffelturm und dem Triumphbogen schwebt: »Pappi, es ist herrlich ein Flüchtling zu sein«.

X.
Diktatur. - Was ist gemeint? Daß jemand (in der Not) mal auf dem Billard schläft ... oder daß die Betten abgeschafft werden?

XI.
Animam salvavi.
Was in diesem Buch steht, ist nun schon historischer Rückblick. (Daten sind beigefügt).
Ich will bloß Rechnung legen, daß ich meine Pflicht getan habe.
Anständige Länder werden diese Schrift nicht ver-

bieten. Denn es gibt nicht nur ein juristisches »droit de réponse«: sondern ein kosmisches droit de réponse.

XII.

Nochmals:
Wenn wirklich die Welt eine Gesittung hätte (statt eine Politik zu haben), so hieße das Ergebnis:
»On ne se bat pas avec des gens comme vous - on les exécute«.
Die größte Gefahr liegt nicht in der Ausübung der Unethik: sondern in ihrer Duldung.

Paris, Sommer 1934 *Alfred Kerr*

Erster Teil
Die völkische Verwesung

Die Diktatur des Hausknechts

I. Hitler: das ist der Mob, der Nietzsche gelesen hat. Das ist Mussolenin im Ausverkauf. Das ist der Ochlokrat, der den »Individualisten« äfft. Das ist die Brutalität per Nachmachung.
Verschlagen, wie es der sog. dumme Kerl sein kann; und verschlagen aus menschlicher Niederung: in die Herrschaft.

II. Dies denkend lag ich im Grunewald mit Grippe zu Bett. Ein Telephonanruf teilt mit: der Paß wird mir entzogen. Trotz 39 Grad Fieber raus aus dem Bett, nur einen Rucksack über, mit dem Allernötigsten. Nach dreieinhalb Stunden war ich in der Tschechoslowakei.
Ich empfand an diesem Abend das tiefe Glück, jenseits der deutschen Grenze zu sein — und trank erleichtert ein großes, großes Glas Pilsener Bier.

III. Der Ehrenmensch Göring hat nachher im Radio gegen mich gekeift: weil ich der Stätte seines noblen Wirkens den Rücken gedreht habe. Den Rücken mit allem Zubehör. Merkwürdigerweise vergaß er zu erwähnen, daß er 1923, nach dem Münchener Putsch, die Beine viel vorsichtiger in die Hand genommen hat ... und in die Berge flennentlich ausgerückt ist; obgleich damals die Gefahr der Folterung für keinen bestand. Die Machthaber damals waren im Vergleich gutartig.
Es ist das System dieser Moralerneuerer: zur Vertuschung ihrer dunklen Punkte sie dem Gegner anzukreiden.
Ich floh vor Geiern, Herr Göring vor Hammeln.

IV. Das ist nun vorbei. Ich wüßte nicht, weshalb man dauernde Beleidigungsversuche solcher Burschen wortlos einstecken soll. Sie beschimpfen die Geretteten. Sie verleumden unsereins ganz dreckbewußt; sitzen dabei sogar ethisch auf dem hohen Stuhl. Unsagbare Komik: diese Pflanzen als Richter zu sehn; uns als Angeklagte. Vor so einer Umkehrung fragt man:
Bin vielleicht ich es, der den Reichstag angezündet hat? Bin ich es, der erbärmlich-schmutzige Greuel beging (und sie verlogen abstritt?) Bin ich es, der das letzte Geld eines darbenden Volks für Feuerwerk und Schauparaden vertut? Bin ich es, der, mit der Vorspiegelung »Sozialist« sich von der Großindustrie bezahlen ließ? Bin ich es, der mit der Vorspiegelung »nurnational«, das Ausland bis in die letzte Kleinigkeit wie ein Affe nachmacht? Bin ich es, der mit der Maske »Vaterland« Deutschland balkanisiert und schändet? Bin ich es, der mit dem Ladenschild »heroisch« den feigsten Krieg wider eine winzige Minderheit führt? (Auf einen Juden kommen in Deutschland mehr als hundert vorgebliche Arier, die so oft Kalmücken sind). Bin ich es, der, mit der Marke »Tod den Bolschewisten!« Bolschewismus treibt? Bin ich es, der mit der Marke »Tod der Korruption!« die kleinen Gauner straft und korruptesten Gaunern die Herrschaft sichert? Bin ich es, der, mit der Marke »Legalität«, sich plötzlich auf die Revolution berief? Bin ich es, der, mit der Schwindelbeteuerung »Disziplin«, Mordlieder in den Straßen singen ließ?
Ich wüßte nicht, weshalb man Beleidigungsversuche solcher Kerls einstecken soll.

V. Ich rede nicht erst heut, vom sicheren Ort aus. Ich tat es in Deutschland, in Vers und Prosa, seit Jahr und Tag. Deshalb hat mich Göbbels, die rührige Mißgeburt, im »Angriff« damals auf die schwarze Liste gesetzt — mit der Weisung: solche Lieder (sechs namentlich benannte noch, darunter Hellmut von Gerlach, Heinrich Mann, Arnold Zweig, der General Schönaich) seien an die Wand zu stellen. So eine Proskriptionsliste war in der Republik ... möglich.

VI. Ich hatte, soweit ein armer Einzelner es kann, den schmierigen Nazismus mit Gedichten, Aufsätzen, Reden bekämpft, verhöhnt, belichtet, bei jedem Anlaß, noch in Theaterkritiken. Ich brauchte damals, nicht heut erst, den Namen »Plagiatfaschismus«. Ich hatte nach so vielen tierischen Mordtaten druckschriftlich erklärt: »Die geistigen Mittel sind erschöpft«*). Ich hatte die Antihitlerischen aufgefordert »einen General zu mieten«. Ich hatte durch mahnende Liedchen den linken Widerstand ermutigt: die sogenannte »Eiserne Front«, die sich dann als blecherne Front erwies. Ich ließ im Radio keine Gelegenheit aus, zu gemeinsamer Abwehr gegen drohende Knechtung aufzurufen. Ich warnte diese laue, flaue, schlappe, mutlose Republik, die keine war. Ich schrieb (1931):

Wer hat die schönsten Schäfchen?
Und klassische Musik?
Wer schläft das tiefste Schläfchen?
Eine gewisse, eine gewisse, eine gewisse Republik.

Wer sieht ein täglich Morden
Und findet keinen Rat?
Wer duldet Landsknechtshorden
Als rüden Staat im Staat?

*)Vgl. den auf Seite 85 abgedruckten Aufsatz »Vergebliche Warnung«, »Welt am Abend«, Januar 1931.

Wer quirlt mit milden Händchen
Im Topf der Politik?
Wem mangelt dies Talentchen?
Einer gewissen, einer gewissen, einer gewissen Republik.

Sie hat ein reines Wollen
Und einen sanften Sinn.
Bevor noch die Köpfe rollen,
Streckt sie schon ihren hin.

Wer schläft das tiefste Schläfchen
Trotz Militärmusik?
Wer hat die schönst Schäfchen?
Eine gewisse, eine gewisse, eine gewisse Republik.

Das erschien Jahre vor der Naziherrschaft. Vor dem Überfall auf ein Land.
Hunderttausende wollten gern das Schiff »Deutschland« vor der duftenden hitlerischen Schleimwelle retten. Aber da es Deutsche waren, spalteten sie sich. Sie zankten sich, begeiferten sich. Sie wurden im schwersten Unwetter nicht einig, wer die Luken schließen soll —

Die Luken blieben offen,
Der Dampfer ist ersoffen.

VII. Ich schreibe diese Zeilen jetzt in Frankreich — und denke zurück an ein tief unglückliches Land. Es hat wunderbare Werte gezeigt... vor seiner Erniedrigung, (die kitschverlogen Erhebung heißt).
Dem Land bleibt meine Liebe — man vergißt es nicht. Die Bewohner möchte man vergessen. Nichts vergessen wird den Blutschmarotzern; den Machtfledderern; den Folterern; den Hepp-hepp-hunden.

VIII. Im Ausland fragt man die Deutschen oft: »Wer ist eigentlich Hitler?«

Zu Dreivierteln ein Sammelbecken; zu einem Viertel der Kopist einer Persönlichkeit.

Zwei Dinge waren nötig: Organisation und Geld. Die Organisation schufen statt seiner die Offiziere von Wilhelms Armee. Das Geld gaben die Arbeiterfeinde ... den Fäkalsozialisten.

Hitler bleibt ein Werkzeug, nicht »Gottes«, sondern höchst irdischer Schichten. Dieses Subjekt ist meist ein Objekt. Der »Führer« ein Geführter. Er hat letztens dies Amt: das Vertrauen der Masse zu bewahren. Die glaubt ihm. (Er übt mehr Einfluß auf die Zuschauer aus als auf das Stück).

Er sorgt dafür, daß sie alles schlucken: wenn er (was der schwächste seiner Vorgänger nicht getan) auf Elsaß, Oberschlesien, Korridor und sonstwas verzichtet. (Der deutscheste Staatsmann wäre dafür gelyncht und gekreuzigt worden). Doch jede Kritik verhindert er mit plumpen Mitteln. Widerspruch wird mit der Keule genullt. Ein Hausknecht. Übrigens: von zwanzig Millionen Anhängern glauben einundzwanzig, daß ein Vertrag ... nur ein Vertrag ist. Er hat hier — das Vertrauen eines Landes.

IX. Umarmten ihn die Teilnehmer des geplanten Viererpakts, so könnten sie den stillen Vers von Verlaine murmeln:

Mets ton front sur mon front, et ta main dans ma main,
Et fais-moi des serments *que tu rompras demain*...

Das wäre so zu verdeutschen:

Lehn deine Stirn an mein Gesicht
Und schwöre auf Ehre; dann hältst du es nicht.

Komisch: daß man mit jemandem, der grundsätzlich Verträge bricht, welche schließt.

X. Jede Diktatur schafft sich einen gemeinsamen Feind. Einen im Innern, einen im Äußern. Spannendes Mittel zum Sammeln; etwas für das »Ziel Aller«; Kniff zur Ablenkung. Diesmal steht der eine Gegner im Verhältnis von 1 zu 100. Die Rettung vor den feindlichen Bolschewisten ist Schwindel — von Bolschewisierenden. Später wird der »Feind« im Ausland stehn. Dort endet es.

XI. Das Lockmittel heißt indes: nationale Erhebung. Es gab jedoch in Deutschland nationale Erhebungen, die sauber gewesen sind. In den Befreiungskriegen zeigte sich höchster Opfermut eines von Napoleon ausgesogenen Volkes — ohne Schmierigkeit. Ohne viehische Beitat. Ja oder nein?
Diese Unterscheidung wird von den Deutschen der Gegenwart nicht mehr gemacht. Sie haben eine Kartenlegerreligion — die jede letzte Gemeinheit entschuldigt. (Sie haben ... oder hissen sie).
Was ist hier das Melancholischste? Nicht, daß Grauenhaftes geschieht; sondern daß fünfundsechzig Millionen es mitansehn; es in Kauf nehmen; einstecken; jede Lumpentat mitmachen.
Viele zwar zittern vor dem Revolver, vor Verschleppung, Mißhandlung, wirtschaftlicher Vernichtung; denen soll verziehen sein. Kein Verzeihen aber gibt es, in Ewigkeit, für die Andren: wenn sie zwar die »Erhebung« bemerken, jedoch keineswegs deren Art ...

XII. Herzenspest und Hirnschwund. In Deutschland ist heute der Freund vom Freunde getrennt, der Bruder vom Bruder. Mein alter, vormals lieber Gerhart Hauptmann, mit dem ich ein Leben lang aufs innigste verbunden war, weiß genau, daß ich aus Deutsch-

land verbannt bin, daß jedem reichsdeutschen Blatt verboten ist, ein Wort von mir zu drucken, daß mein Leben in zwei Stücke gerissen ist — er hat noch nicht gewagt, mir eine Postkarte zu schreiben. Dieser gar edle Dichter des Altruismus kriecht vor den Machthabern ... und vergißt die Opfer. Er guckt respektvoll auf blendende Scheinwerfer eines Tanks — und fragt nicht, wen er überfährt. Ich will nächstens mit ihm abrechnen.
Er, er, er hatte die Pflicht, anders zu sein; auch wenn halb Deutschland etho-skrophulös ist.

XIII. Hitler läßt sich als den »Einiger« beräuchern. Nicht ungern. Er ordnet es keusch an. Auch das ist ein Schwindel. Einigung durch Schrecken ist keine. In Wahrheit sind die Deutschen jetzt mehr zerrissen, mehr getrennt, mehr gespalten, mehr zerklüftet als je. Der Abstand zwischen den Bewohnern ist grauenhaft ... sie dürfen es bloß nicht sagen. Sie sind zehnmal unglücklicher als in der dunkelsten partikularistischen Zeit ihrer Geschichte. Zehnmal kompaßloser, furchterfüllter, gedrückter, ihres Lebens unsicherer — sie werden bloß mit Gewalt am Reden verhindert. Kurz: es gibt zwar den gefeierten Einiger, aber nicht die Geeinigten.
Wann ist der gefeierte der gefeuerte?

XIV. Ja, wann wird Besserung denkbar? Rettung vor dem Gesindeterror. Rettung vor dem Weltversinken im Rotz.
Der Nazismus bleibt nur international zu beseitigen.
Mit weniger Gewißheit durch sich selbst. Er kann gefällt werden: kaum durch die Wirtschaftsnot; eher durch eigne Tobsucht; am ehesten durch ein Pflichthandlung des Planeten.

Möglich: ohne Krieg; nur durch entscheidenden Zugriff — dann duckt der Bediente.
Zugreifen, eingreifen: das ist heute der kategorische Imperativ. Verdammte Schuldigkeit.
Los!

XV. Und obgleich es hundertmal gesagt ist, bleibt es wahr: Ruhe tritt letztens nur ein kraft jener berühmten Näherung zwischen Deutschland und Frankreich, — aber dann erst, wenn der Hitlerismus röchelnd am Boden liegt.

XVI. Dann wird ein menschlicher Rückfall wettgemacht. Dann wollen wir das Bündnis schließen. Dann schauen wir, die wir heut nicht Angeklagte, sondern Ankläger sind, in die entmistete Zukunft.
Dann sehn manche die sehr geliebte Heimat wieder. Dann ist sie gesäubert von stinkenden Parvenüs; von rohen Wirrschädeln.
Dann singen die Kinder, nicht mehr von Haß durchseucht, nicht mehr von Demütigung bedroht, harmlos das hübsche Lied, das nicht mehr parodierende, heitere, vertraute, menschliche, friedvolle, befreite:

Wer hat die schönsten Schäfchen?
Die hat der goldne Mond.

Juli 1933.

(Zuerst französisch in »Les Annales« und im Brüsseler »Soir«).

»Der Staatszugehörigkeit verlustigt …«

I.
In Deutschland nicht — doch im Hitlerland
Wird mir die Heimat … aberkannt.
Da sag ich vor allen Dingen
Nur: »Götz von Berlichingen!«

II.
Ich kann nicht finden, daß ihr mir Pein schafft,
Ich fühle es bloß:
Jetzt bin ich eure schofle Gemeinschaft
Los.
Die Welt ist schöner in jedem Fall
Fern von einem Hyänenstall.

III.
Der Weltlauf hat seine Launen —
Die Seele muß immer noch staunen.
Sie weiß, wer heut in Deutschland prangt,
Und wess' er sich erkühnte:
Ein Hausknecht ist zur Macht gelangt,
Der wildgewordne Bediente.
Er bricht (nach Trug und feigem Mord)
Nicht »Tafeln« — nur das Ehrenwort.

IV.
An seiner Seite geht ein Gauch,
Noch rußgeschwärzt vom Reichstagsrauch,
Der Blutsadist mit dem deutschen Bauch.
Was ist ein Kerl, der schamentblößt,
Tückisch zugleich und plump
Schuldlose vor den Richtblock stößt?
Ein Lump.

V.
In dieser Edlen Mitte
Erscheint der … nordische Dritte;
Der krumme Krümel kärglich kurz,
Der Wotansfurz.
Spuckt Phrasen, ganze Eimer,
Ein unentwegter Schleimer.

VI.
Die haben die Stirn, nach frechen Verbrechen
Andren das Deutschtum abzusprechen.
Sie gaben Mördern den Fingerzeig,
Förderten Greuel und leugneten feig,
Sie graben der deutschen Ehre das Grab.
Drum sprech' ich ihnen das Deutschtum ab.

VII.
Deutschland! Kein winselndes Abschiedsweh!
Liebe dich doch wie eh' und je.
Bin aus dir (nicht von dir) verbannt,
Wende den Fuß nun anderwärts;
Bist du dereinst nicht Hitlerland,
Drück' ich dich wieder ans hoffende Herz.

VIII.
Jetzo, bis euch die Ohren klingen,
Nochmals: — Götz von Berlichingen!

30. August 1933.

Gerhart Hauptmanns Schande

I. Der diese Zeilen schreibt, war Hauptmanns Freund — ein Leben hindurch. Hauptmann ist älter als ich, aber wir waren beide jung, als wir uns trafen. Wir sind den ganzen Weg des Daseins zusammengegangen bis heut.
Nein: bis gestern.
Ich war der Wächter seines Werts in Deutschland. Ich schritt und ritt mit ihm durch Dick und Dünn. (Auch durch Dünn.) Ich hieb nach links und nach rechts, wenn man ihn angriff. Ich schlug ihn selber, wenn er nachließ. Ich gab ihm Zuversicht, wenn er sich raffte. Sein Wiederaufstieg im Alter war mir ein Glück.
Und ich liebte, jenseits von allem Dramengeschreib, den Menschen, den Freund in der Stille, den Unverwechselbaren, den Seltenen, den Umleuchteten.

II. Es gibt seit gestern keine Gemeinschaft zwischen mir und ihm, nicht im Leben und nicht im Tod. Ich kenne diesen Feigling nicht. Dornen sollen wachsen, wo er noch hinwankt. Und das Bewußtsein der Schande soll ihn würgen in jedem Augenblick.
Hauptmann, Gerhart, ist ehrlos geworden.

III. Berlin, abends, im Sommer. Es war im Garten unsres Freundes, des Professors Johann Plesch, des Herzarztes. Einstein befand sich unter den Tischgästen, auch der edle deutsche Maler Slevogt, der die schönen, mattbunten Fresken in Pleschs Veranda schuf; noch zehn oder zwölf wesentliche Menschen sonst. Ich stand mit Hauptmann auf dem Rasen — und merkte (das sind jetzt zwei Jahre her), wie unsicher er politisch geworden war.

Ich sprach zu ihm: »Du wirst doch nicht etwa... Du bleibst für die Kerls ja doch der Dichter der Weber«, Hauptmann leugnete. Es war wieder seine unendlich liebenswerte Art, sich auszudrücken, die niemals einen Satz klar zu Ende bringt, aber durch das parsifaleske, weltferne Wesen jeden Zuhörer bezaubert. Er stimmte mir zu. Ganz fest. Wir waren einig.
Plesch ist heute, geborgen von dem eklen Anblick des deutschen Zustands, in England, Slevogt ist tot. (Wer hütet die Fresken?) Und Hauptmann...

IV. Hauptmann schmeichelt dem Raubgesindel. Dieser Mensch, der sein Leben lang einen Dichter des Altruismus dargestellt hat, dienert vor dessen Todfeinden. Er fand... nicht nur kein Wort des Einspruchs gegen die dreckigste der Barbareien. Er will seine Wirtschaftsexistenz nicht aufs Spiel setzen. Doch er duckt nicht nur: er wedelt. Etwas Unmenschliches vollzog sich vor seinen Augen. Seine nächsten Freunde waren Opfer. Er schwieg. So private Dinge zählen kaum; sie sind das Wenigste. Doch er konnte bei dem Ansehn, das er in der Welt genoß, dem Ansehn der Mörder einen Schlag versetzen, dem Ansehn der Hausknechte, der Folterer, der Lügner, der Legalitätsbeteuerer, die vor seinen Augen Jagd auf seine Webersleute machten — und Jagd auf Menschen, deren Schuld ihre Geburt war.
Der große Altruist schwieg. »Ich kann nicht schweigen« hatte Leo Tolstoi seine späte Schrift benannt; ein Greis wie er, tapferer als er, in einem Zeitpunkt, als in Thule die Geister sich schieden. Ja, der alte Russe rief noch an der Schwelle des Grabes: »ich kann nicht schweigen«.
Hauptmann... konnte.

V. Er hat sich dann unmißverständlich den klobigen Gefängniswärtern Deutschlands angefreundet. Er wußte genau, daß es ihr Trick ist, jede begangene Gemeinheit gleichzusetzen mit dem feierlichen Begriff »Deutschland!« Er wußte genau, daß Volkserhebungen keineswegs mit Niedrigkeit verbunden sein müssen. Er hat aber mit dem letzten bißchen Kraft den Hakenkreuzlappen gehißt auf seinem Haus; aus Furcht, aus Vorteilsucht, aus schmieriger Schwäche, Hauptmann ist wurmstichig im Seelengrund. Mondfern von aufrechten Menschen wie Toscanini, wie Albert Einstein.

VI. Ich weiß, Hauptmann, was Du mir (mit schlechtem Gewissen) sagen würdest: »Eine gewaltige Volksströmung...« und so. Du belügst — auch Dich. Es gibt, nochmals, Volksbewegungen, die anständig sind... und außerdem ist es keine: sondern, wie Du genau weißt, eine Volksüberrumpelung durch plumpe Gewalthaber. Eine Knebelung; ein Gemisch menschlicher Rohheit mit grundsätzlicher Lüge. Die Wiedergeburt von Rechtlosigkeit und Erbarmungslosigkeit, Du siehst, Hauptmann, die Eigner eines Hyänenstalles — und hast Dich ihnen leise genähert. Du hattest nicht das Zeug, ihrem Angebot zu widerstehen, als sie, durch die versprochene Darstellung eines Deiner Stücke Dich lockten... behufs Höhung ihres von einer Welt bespieenen Namens. Du bist ihr Zutreiber geworden. Ehrlos, ehrlos, ehrlos.

VII. Und es war doch so lange nicht her, daß Gerhart Hauptmann dem Republikaner Ebert, dem Präsidenten der deutschen Republik, im Rathaus von Breslau (ich Esel hielt noch die Festrede) ergriffen die Hand geschüttelt hat — als Republikaner unter Republi-

kanern; daß er den herzhaften Freundschaftsgruß mit Löbe getauscht hat, dem letzten oder vorletzten integren Reichstagspräsidenten... der dann im Konzentrationslager Steine gekarrt hat.
Hauptmann ging zu den Gegnern. Ehrlos, ehrlos, ehrlos.

VIII. Der Kronprinz äußerte, schon vor drei Jahren, zu Hauptmanns jüngstem Sohn Benvenuto (der hat es uns lächelnd erzählt): »Sagen Sie Ihrem Herrn Vater«, sprach der muntre Kaisersohn, »er möchte sich entsprechend bereithalten, damit er nicht schief liegt, wenn wir ans Ruder kommen«.
Zwar sind »wir« nicht ans Ruder gekommen. Doch er hielt sich bereit.

IX. Hauptmanns Lebensform war auf alle diese Erbärmlichkeiten von Einfluß. Ich bin kein Unmensch und glaube nicht, daß nur der Wein die Schuld trug; seit Jahren ist ihm das Dasein unmöglich ohne zwei Flaschen am Tag als Minimum. Er wähnt, daß er sonst zur Nachtzeit Fieber habe. Gott laß ihm die Ausred' — und ich habs ihm allemal gegönnt. Nein: mit demselben täglichen Maß an Rüdesheimer oder Macon war genau das Entgegengesetzte denkbar: ein ehrlicher Entschluß, ein menschliches Aufbegehren, ein mutiger Schritt.
Nicht der Wein: das Geld hat sein Tun beeinflußt. Schrecklich das zu sagen. Doch es ist nicht zum erstenmal, daß ich es ihm vorwerfe. Und ich schämte mich, wenn es das erstemal jetzt wäre. Hauptmanns Geldbedarf ließ ihn Stücke, die nicht gar gewesen sind, in aller Unfertigkeit auf den Markt werfen... und Romane schmieren, darin sein Genie nur kennbar blieb unter dem Schutt.

Geld kosten seine drei Wohnsitze: Agnetendorf in den Bergen; Hiddensee am Salzwasser; Rapallo in der Sonne. Geld kostet der Sohn, der mit dreißig Jahren die dritte Frau hat. Geld kostet der ganze snobistische Train dieses Weberenkels.
Der weltberühmte Dichter eines antikapitalistischen Dramas wurde durch Geld zur Strecke gebracht.

X. Was hat ihm alles irrende Handeln, alles würdelose Nichthandeln genützt? Einen Quark.
Die Nazipresse höhnt Hauptmanns Besuch bei den SA.-Männern. Die Nazipresse schrieb lächelnd, es sei »ein Anblick für Götter« gewesen, als der sozialistische Poet zum Hitlergruß den Arm hob — das war bei einer Feier für Horst Wessel, für den Zuhälter, der von den Nazis zum Symbol gewählt ist. »Ein Anblick für Götter« schrieben die Hitlerzeitungen wortgetreu. Und am Gerhart-Hauptmann-Lyzeum wurde, trotz allem, der Name Hauptmann gelöscht. Er ist auch in mir gelöscht.
Hier starb jemand vor seinem Tode; verachtet selbst von denen, die von allen verachtet sind. Das ist der Schluß.

XI. Sein Andenken soll verscharrt sein unter Disteln; sein Bild begraben in Staub.

November 1933.

Empfindsame Flucht
(Die ersten Worte nach dem Weggang aus Deutschland)

I. Man geht nicht zum Vergnügen ins Exil. (Nur, das Vergnügen des Bleibens wäre noch geringer). Du liebst ein Land, in dem du Kind warst; du hängst an Orten, wo du Steuern zahltest...
Und: stets in fremder Sprache schreiben —?

II. Immerhin: die Vorstellung des Konzentrationslagers, weil man Verse, Prosa, Reden wider den Hitler drucken ließ; ferner der Gedanke, nicht zwar Demütigungen ausgesetzt zu sein, aber dem Versuch dazu; dann die Möglichkeit, sich etwas tot in einsamer Gegend wiederzufinden (denn es gibt Unfälle; wobei die Ursach' des Heimgangs nicht festzustellen ist): manche mögen das nicht. Darin bin ich komisch.
Die Verbrennung meiner Bücher ist zwar kaum so eindrucksvoll wie der Brand eines Reichstags. Aber: schüttle, Mensch, den Staub, zu dem sie wurden, von Deinem Pantoffelpaar. (Im Französischen schrieb ich: »Si on brûle tes livres, brûle du sucre«.)

III. Grunewald, Bodenbach, Prag, Wien, Zürich, Paris: die Wanderschaft liegt heut hinter mir im Nebel. In Prag seh' ich zwei Franzosenstücke: den »Ödipus« von Gide; die »Menschenstimme« von Cocteau. Beide deutsch gespielt; vor erstaunten, doch dankbaren Hörern. Hinten in einer Loge versink' ich in Düsternis; jählings fällt mir auf: ich bin ja nicht mehr Kritiker in Berlin! Nun — man dürfte doch die Wahrheit schwerlich dort sagen.

Im übrigen (pathosfrei gesprochen) ich weiß, daß es keine Rückkehr gibt.
Ich frage mich: »Was sollen bloß die Theater in Berlin ohne mich anfangen!«
Ulkig — was?
(Nicht ganz für den, der es fühlt.)

IV. In Prag sitzen an allerlei Caféhaustischen deutsche Flüchtlinge — und gründen Zeitungen, Zeitschriften. Einer gründet immer gegen den andren.
Was der Hitler übertreibt, die vorgebliche Einigung, das untertreiben sie.

V. Prag, uralt-reizende Stadt. Bündel schwebender Dome. Stupsnasig-entzückende Frauenschaft... Sänftigt es aber den schweren Ernst eines von heut auf morgen zerstückten Lebens? Stillt sie die Besorgnis der unvorhergesehenen Dinge?

VI. Kaum. Nicht mal ihr blondes Bitterbier schläfert ja dies allzuwache Bewußtsein: daß etwas... verändert ist. Zum Schlemmen bist du auf der Wanderung eh nicht gestimmt.
Aber... Obenauf im Widerstreit aller Gefühle, bleibt schließlich das Erfrischende: frei zu sein.
Und: auf dem Wege nach Frankreich.

VII. Weg mit dem Kothurn! Simple Lebensfreude schwillt. Siehe: dort ragen schlaraffige Hügel von Tschechenwürsteln — mit Kren. (Insbesonders, schllllfff, die »taliany«). Sturzbäche davon am Vaclav Namesti, den Elysäischen Feldern oder Champs-Elysées von Prag. Vaclav heißt Wenzel. Der Platz ist pietätvoll benannt nach dem (zu früh heimgegangenen) König Wenzel; er starb erst vor ein paar hundert Jahren. Grüß' dich, Vaclav!

VIII. Prag, erste gute Rast auf der Wanderung, ich war zufrieden mit dir; mit deiner fleißigen und gefälligen Bewohnerschar. Dies der Endeindruck, jawohl.
Schade nur, denkt man beim Scheiden, daß der Astrologenschwarm, so einst auf dem Hradschin gehaust, nie prophezeit hat, wie Deutschland in fünf Jahren aussehen wird.
Doch Verträge sind ja geschlossen, worin ein zehn Jahre langer Friede verbürgt ist. Etwa nicht? Nun also. Dann freilich.

IX. Weiter geht die Pilgerfahrt. (Nicht Martergang noch Bußweg: wenn einer diesem Deutschland entronnen ist).
In der Eisenbahn saß mir gegenüber eine jener Frauen aus Österreich, die fast wie ein verkürztes Abbild vom krudelschönen Reiz ihres Landes wirken.
Sowas schlägt ein wie der Blitz: jedoch wie ein mondfarbener Blitz, ein sanfter Blitz. Wobei du voll mozartischer Beschwichtigungen die Zerline singen hörst: »Wenn du fein artig bist...«
(Oder es tönt, in der Ahnung, ein gewisser moment musical von einem gewissen Franz Sch.; soll dort ansässig gewesen sein... Mehr sag' ich nicht).

X. So sind sie. Dabei schien die Dame kein Vergangenheitsgeschöpf; sondern trug sich ganz heutig in der Kleidung.

Um die Brust (wo nicht nur links und rechts je ein Mückenstich war, o nein!) etwas Heiter-Kühnes, Rotgrüngelbviolettgewirktes (dies schachbretthaft); hierzu an dem halbspitzen Ausschnitt ein seidner Schal, geknotet.

(Warum soll man die Frauenwelt aus der gärenden Notzeit des Planeten Erde, Frühling 1933, nicht mit einem Griff und einem Griffel der Nachmenschheit überliefern? Geschichtsschreibung ist es! Die Zeit hat denen ihr G'wandl verändert, nicht ihre Süße. Ich spreche schon österreichisch).

XI. Das G'wandl verändert — das Landl verändert. Zwar Wien bleibt noch heut, für durchreisende Wesen von unsrer Empfindungsart, eine der lyrischsten Herrlichkeiten, die das Bewußtsein umfängt. (Auch für die Einwohner?).

Doch in alle Lyrik mengt sich, vor soviel stiller Gedrücktheit (es war damals) eine besonderliche Regung: des nahen Mitfühlens. Man wittert, fern von den Machtkämpfen, Strömungen, Ratlosigkeiten... etwas Schmerzliches und Schönes. Das ist (oder war im März, 1933) der Kern: schmerzliche Schönheit. Nicht (was die Einwohner gewiß auch beschäftigt) Zahlen und Zahlungen... und Nichtzahlungen.

XII. Abends, in der Wirtschaft eines verlassenen Bahnhofs von Wien, reden an vereinzelten, auseinanderliegenden, verschollenen Tischen halblaut etliche Paare.

Nichts Lebhaftes. Schon garnichts Berufliches. Auch

nichts Genormt-Eiliges wie an der Spree. Hier sind Menschen ohne Hast — — trotz alledem. Sie lassen ihr geruhsam abgegrenztes Schicksal nicht ganz hineinreißen in den Allwirbel.
(Und wenn das keine sachlich nachweisbare Wahrheit ist: so ist es doch eine nicht widerlegliche; weil gefühlte).

XIII. Zuvor, als ich im Zufallsgespräch mit einem Unbekannten auf die Stadt Wien gekommen war, sprach er (wie einer, der sich auskennt) halb lustig, halb trübe, mit einem Fingerzeig auf Wien: »Was nützt mir die schönste Schüssel, wenn nix drauf is!«
Da ich der österreichischen Dame dies im Zug erzählte, fand sie es »leider richtig«; fuhr jedoch trotzdem unbeirrt anmutvoll mit schmiegiger Leichtmut auf Zürich los. Mit schmiegiger Leichtmut.

XIV. Sollte dort ihren Mann treffen; einen Patentingenieur, der bald in New York, bald in Rom Sitzungen hatte, gelegentlich zwei Monate wegblieb und jetzt gewiß froh war, in Palermo nächstens mit ihr acht Tage zu ruhen.
Sie war mir ein Trost auf der Irrfahrt. Ein Trost auf der Irrfahrt war sie mir.
Es gibt, o Mensch, noch in der Ungewißheit scharfer Erdepochen, allerhand Einzelglück. Und allerhand Schönheit. Für dich; und für mich.

XV. Aber kann Österreich Heimat werden für Flüchtlinge? (dacht' ich). Bei diesem kurzen Aufenthalt glaubte man, es würde bald von den Nazis überrannt. (Diese Gegnerschaft zwischen Hitler und Dollfuß bestand im Frühling 33 noch nicht). Also vom Regen in die Traufe? Das wäre verlornes Tun. Somit: weiter! Wandern sollst du. (Das sogenante »Erbteil meines Stammes«).

... Nur vor dem Scheiden die Feststellung, daß Wien die Stadt der Lieder wirklich ist. Gesang der Geister über dem Defizit. Hier gibt es gewiß kein schreiendes Unrecht, sondern ein trällerndes.

(Nachtrag 1934: — Es hat nicht nur geträllert).

XVI. Zürich. Sauberste Mischung aus Freundlichkeit und Sprödnis. Die Luft, man merkt es bald, ist herrlich rein — die Preise hoch wie die Berge. Hier wenigstens, denkt man, ist kein Hitlertum.

Aber Krise. (Wenngleich ohne Proletarier). Die Menschen hier sind nicht niedergedrückt — jedoch eine sonst fremde Spannung lebt in diesen prachtvoll nüchternen, tätigen, rechtschaffenen Leuten. Ein gewisser beschatteter Ernst. So sorgenvoll waren sie kaum je. Kommt es von der Wirtschaft?

Sie tragen ihr politisches Päckchen. Haben zwar den Faschismus nicht im Land: aber die Furcht vor dem Faschismus. (Bei manchen: die Hoffnung auf ihn?...) Die große schwyzerische Mehrheit will nichts davon wissen, besonnen wie sie sind. Die Schweiz wird nie faschistisch sein. Aber: faschistisch beunruhigt.

XVII. Von hundert Schweizern reden sechzig deutsch. Fühlen sich als Halbgeschwister der Deutschen im Reiche.

Deren Geschick verfolgen sie mit stärkstem Anteil ohne für die Methoden des Göring was übrig zu haben. Sie drücken bloß manchmal ein Auge zu... Wieviel Deutsch-

land grade denen verdankt, die heut auf der Flucht, in Haftlöchern und Folterkammern sind, das wissen die Schweizer; reißen sich aber nicht darum, es im Augenblick hervorzuheben. Unterschwellig rinnt in ihren deutschen Anteil ein Gefühl kopfschüttelnder Verstimmung.
Und... ein Gefühl der Ängstlichkeit. Ihre Blätter können in Deutschland beschlagnahmt werden. Man hängt auch wirtschaftlich etwas von dort ab; nicht zuletzt die Buchverleger. Niemand weiß, was kommt; auf welche Seite man fallen soll...
(So war es damals; seitdem hat sich manches geändert).

XVIII. Meine Frau, mit den Kindern, war in die Schweiz flink nachgekommen. Das hübsche Haus im Grunewald stand nun leer.
Michel, schon über zwölf; Anna Judith, genannt Puppi, zehn. Schwerste Wochen in Lugano; Puppi wird krank; Angina; Fieber; Lebensgefahr. Furchtbare Zeit.
Dann bei den wirtlichen Freunden S. Braunschweig in Zürich, auf dem Dolder. Dann in Küsnacht (nicht in Tells; in dem bei Zürich) Fuß gefaßt: im heimeligen, jahrhundertalten Seegasthof des Freundes Eduard Guggenbühl-Heer. Bei einem Wirte wundermild.
In eins meiner unverbrannten Bücher schrieb ich ihm:
Ich weiß ein köstliches Asyl:
In Küsnacht bei Herrn Guggenbühl.

XIX. Hier gab ich der Frau und den Kindern einen Kuß. Sie blieben zurück.
Ich landete, das war eines Maitags zur Abendzeit, in dieser andren Stadt — die von Göttern und Menschen geliebt wird; der die Kraft ist: Ringende glücklich, Glückliche glücklicher zu machen. Die Stadt, die meine Schriften fei-

ern, seit ich sie kenne. Die mir teuer blieb: durch ihren Glanz und ihre Güte. Der man danken muß: weil sie da ist. Sie nennt sich... Aber das wißt ihr.

XX. Und ich würde das alles heut nicht schreiben, wenn ich es nicht ein Leben lang geschrieben hätte.
Lest es in dem Buch »Die Welt im Licht« (das von der Dummheit gleichfalls verbrannt und verbannt ist: obwohl es Luftbild und Seelenflut, Umriß und Innenwunder der deutschen Landschaft, der deutschen Meerschaft in letzter Liebeskraft erstehen läßt).
Noch andre Verbote gibt es... in keinem deutschen Blatt schreiben zu dürfen, ist heute freilich ein Vorzug. Man braucht ja keine fremde Meinung statt der eignen zu äußern... und zu tun, als äußere man die eigne. Es ist ein Vorzug.

XXI. Immerhin: nie mehr deutsch schreiben?... Der Abschied von dieser Sprache fällt mir schwer — der ich so viel gegeben habe.

XXII. Um nun die Verfassung der Auswanderer ganz wahr und offenmütig zu kennzeichnen:
Sie hätten Sehnsucht nach dem Land: wenn es noch das Land ihrer Sehnsucht wäre. Darin liegt der ganze Fall. So ist es. (Im Französischen schrieb ich: »Ils ont le mal du pays — sauf pour ce qui leur est devenu le pays du mal«). Man geht nicht zum Vergnügen ins Exil.

XXIII. Aber mein Herz gehört bei alledem dieser Stadt: — auch weil in ihr die schmerzhafte Wahrheit mit Lächeln gesagt werden kann.
Ich wohne jetzt (das ist nur die erste Hausung) allein in einer lockend mattbunten, friedvollen Straße. Nicht »unter den Dächern von Paris« — schon mehr über ihnen.
Die Stube hat vorn ein Söllerchen aus Stein, das abends umweht, morgens besonnt ist — und gegenüber sitzt, am offnen Fenster, ein holdes Fräulein (mit noch schuldlosem Antlitz), ganz jung, tiefdunkles Haar; sie näht als einzige bei der Schneiderin-Dame des Viertels.
Im obersten Stock.

XXIV. Jeden Morgen, jeden Abend, guck' ich herum, herunter, herüber. Auf Köpfe, Wölbungen, Fenster; auf die guten Hundchen; auf die verwöhnten Kätzlein; auf den Himmel; auf alles.
Und ich fühle dann abermals (ohne zu wissen, warum), daß ich in der Menschenstadt bin; der die Kraft ist: Ringende glücklich, Glückliche glücklicher zu machen.

XXV. Dann steht, nicht zum ersten Mal, vor meiner Seele Friedrich Hebbels Wort, das er ins Tagebuch hier gekritzelt hat: »Mögest du länger leben als alle Städte der Welt«. Hebbel ist tot. Er käme sonst für dieses Wort ins Gefängnis.

XXVI. Gutentag
Paris.

(Erschien französisch am 1. Juli 1933, in den »Nouvelles Littéraires«).

Der kategorische Trauerkloß
(Antwort auf eine Frage)

I. Haben wir die Pflicht, traurig zu sein — bloß weil in Deutschland... traurige Burschen am Ruder sind? Blüht uns schon der Nachteil der Verbannung: da sollen wir auch noch »Verbannung« repräsentieren?
Nicht im Traum!

II. Mitnichten sind wir aus Grundsatz untraurig; sondern weil wir nicht traurig sind.
Glaubt ihr, daß ein Mensch handeln kann, der ein Geschöpf auf Halbmast ist? Glaubt ihr, daß er hoffen kann, den eignen Stand der Dinge zu bessern; den Stand der schmierigsten Gegner, welche die Geschichte kennt, zu mindern: wenn er mit gesenktem Seelensterz herumwankt? Nicht im Traum!

III. Meint ihr, daß die unanständigsten Banditen, welche die Geschichte kennt, lieber sehn, daß wir traurig... oder daß wir heiter sind?
Kennt ihr einen deutschen Spruch aus der gewesenen Heimat (der schon alt — und noch lange gelten wird); er heißt: »Ich komm, ich weiß nicht woher; ich geh, ich weiß nicht, wohin; was ist's, daß ich so fröhlich bin?«
Nur mit einer kleinen Variante zu sprechen: »Ich komm... ich weiß leider woher!«

IV. Neulich schrieb mir ein Deutscher in Paris: er habe mit großem Bedauern den-und-den Aufsatz gelesen, worin der ausgewanderte Schreiber, ob er gleich in

der Sache recht habe, sich eines »unernsten« Tones bedient; das »zieme« sich nicht; man merke schlechtweg, daß er in guter Stimmung sei. Solches widerspreche der Würde des Emigranten; es sei fast leichtfertig zu nennen — und müsse schaden. Was?... »schaden«? In der Antwort stand: Mensch, glauben Sie denn, daß man unter jeder Bedingung die Schuldigkeit hat, Mitglied einer »Genossenschaft an den Wässern von Babel« zu sein?
Mensch, Sie sind ja wie (bei Sienkiewicz) der Maler, der seinen Modellen flehentlich zuruft: »Trauert, Juden!... Trauert, Juden!« (er wollte sie so, trauernd, malen, als ihnen ein Korb mit Äpfeln ins Wasser gefallen war; sobald sie jedoch von Modellgeld hörten, heiterten sie sich auf.) Uns sind viele Äpfel ins Wasser gefallen. Wir erwarten kein Modellgeld — und trauern dennoch nicht.

V. »Schaden«? Die Leute sehen keinen gern, der ein sogenanntes Stück Unglück ist, daß einem schlecht wird.
Ihr kennt die Menschen kaum! Fraget nicht: »Wem wird geholfen?« Sondern: Wen liebt man?
Den liebt man, der sich hilft... auch durch Glück, durch Spaß, durch Zuversicht. Den liebt man, der (nicht aus Rücksicht auf die Nebenwelt) pathosfrei geworden ist. Der die Kraft hat zum Wiederfrohsein. Der sich das Leben nicht verschandeln läßt — unweinerlich und unweigerlich.

VI. Drei Stufen gibt es. Erstens die Stufe »Sophokles« mit dem griechischen Jammerlaut »O-popoi, o-o-moi-moi!« ... Zweitens (etwas höher) die Stufe »Geibel« mit jambisch rollendem »R«:
»Wenn etwas leebt, gewallltiger als das Schickksal, So ists der Muuut, der's unerschüttert träägt!«

Die dritte Stufe kommt allein in Betracht: die Satire; der Hang zum Lachen — wenn man den in sich fühlt.
Die Satire braucht nicht, zum Stützpfeiler, jenes Wort, das der Kämpfer Beauchmarchais geschrieben hat: »ich zwinge mich zum Lachen — damit ich nicht weinen muß.« Nein... viel zu sentimental!
Die Satire soll, von Empfindsamkeit höchst fern, scharf treffen; belichten; vergegenwärtigen; — und Menschen beglücken: durch Wahrheitskraft; durch Abbildung der Unanständigkeit; durch verschärfte Wiedergabe des Seienden. Durch Überlegenheit über den Dreck.
Mit dem vorhin genannten, etwas veränderten Wappenspruch:
Ich komm, ich sch... aufs Woher; ich geh, ich weiß nicht wohin; was ist's, daß ich so fröhlich bin?*)

*) Epilog an den Leser. Die vorletzte Zeile gilt natürlich nicht dem Land meiner Geburt und meiner Sprache — jedoch ganz entschieden dem zeitweiligen Schauplatz einer unvorstellbaren Erbärmlichkeit. Ich sage das zum Schutz vor... Auslegung.

Erhebung.

Wir zerren ohne Gnade
Das Hungervolk zur Parade.
Das Geld der Ärmsten wird verjuxt
(Denn wir sind streng sozial)
Und wer da murrt, und wer da muckst,
Liegt bald im Hospital.
Dann klebt am Sarg ein Etikett:
»Verstorben auf der Flucht im Bett«.
Wir lügen feig und leugnen wild.
Mit arisch reinem Ehrenschild.

Ecrlinf
(Nach den deutschen »Wahlen« im November 1933)

I. Zwar weiß die Welt, wie diese Wahlen zustande gekommen sind: durch Gewalt und Betrug.
Sie tut jedoch, als bestände jetzt ein ganz neues factum; eine höchst einschneidende Veränderung. Ja, etwas, das eine grundverschiedne Betrachtung Europas bedingt.
Kinder, Kinder!
Das Erstaunliche bleibt nicht der Hitlerismus: sondern der Eindruck, den zu machen man ihm erlaubt.
Erstaunlich dieser Gehorsam vor entschlossenen Scharlatanen. (Voltaire könnte flüstern: »Votre crédulité fait toute leur science!«)
Ihre Kraft ist: euer Kraftmangel.

II. Hier, bloß hier steckt die Gefahr. Französische Freunde sagen mir: »Der Mussolini hat sich im Lauf der Zeit gemäßigt; glauben Sie nicht, daß auch Hitler…?« Ganz falsch! Mussolini, so schwer durchschaubar der Mann ist, will nicht Frankreichs Untergang. Das aber, das ist das letzte Ziel des p. Hitler. Er will kein harmloses bißchen Krieg wie 1870; sondern: Vernichtung.

III. Ihr sagt sehr treuherzig: »Er wird seinen Standpunkt ändern«… Aber nicht seinen Charakter.
In der innerdeutschen Entwicklung hat er bekanntlich allemal gelogen. Eingetragener Ehrenwortbrecher. Allemal erst Lüge, dann Gewalttat. Allemal die Legalität beschworen; unterdess die Vorbereitung zum Überfall. Was auch dieser Herr dem Ausland sagt und sagen wird: es dient nur dem Zweck, Zeit zu gewinnen: zur Vernichtung.

Über zehn Jahre hat er gewartet, Deutschland zu überrumpeln... Und ihr laßt ihm die Zeit.
Eure Kinder werden es büßen.

IV. Tatsachen sind das: überrascht wurde Deutschland — und die Mächte lassen sich abermals »überraschen«. Ist es glaublich? Nicht mal bei dem unvorstellbaren Geisteszustand der Albioniten MacDonald und Henderson.
Und ihr Franzosen? Ihr kennt so eine Menschensorte vom Schlag Hitlers nicht. Ihr Franzosen seid, trotz allem Mißtrauen, letztens leichtgläubig.
Merken werdet Ihr, daß dieser Bursche die Haltung ändert. Nicht merken, daß er sein Ziel bewahrt: Vernichtung.

V. Nein. Ihr seid... großherzig, entwildet, heimzufrieden, menschlich — nehmt Euch in acht, daß ihr daran nicht zugrunde geht.
Fühlt es: die Welt ist heut gelähmt, betreten, entschlußlos... (und anglo-süßlich). Sie sagt diesem Burschen: »Viens, poupoule...!« (Deutsch: »Komm, Karlineken, komm!«) Statt, wie ein, ein, ein Mann das Wort zu rufen, das in Voltaires Briefwechsel mit Frédéric des öfteren wiederkehrt —: »Ecrlinf!«

VI. Ecrlinf? Dies war die Abkürzung für: »Ecrasez l'infâme!« Das heißt: — Nieder damit!... Nieder damit!... Nieder damit!

(Französisch erschienen am 15. November 1933.)

I. Trotzki und ich hatten denselben deutschen Verleger, S. Fischer. Alle bei S. Fischer erschienenen Schriften bekam Trotzki vom Verlag freundschaftlich zugesandt. Beim Signieren meiner letzten (sie war von literarpolitischem Inhalt) schrieb ich einen herzhaften Gruß an den Empfänger hinein, mit dem Zusatz:
Es ist zwar nur...Literatur...
Darauf sandte mir Trotzki, aus Prinkipo, seine Schrift »Der einzige Weg« — und was schrieb er hinein?
Es ist zwar nur...Politik.

II. Das vernichtende, mißachtende Wort »nur« für die Politik der Gegenwart: Trotzkis ärgster politischer Feind wird ihm darum nicht grollen.
Er schrieb das Wort kurz vor dem mephitischen Sieg der Nazis — den er hindern wollte; indes die Linke der Deutschen ihn herbeiführen half.
Soll man von Logik in der Politik reden?

III. In Deutschland nicht. Sogar die Weltgeschichte wird in Deutschland unkonsequent. Beweis:
Es ist (beinah!) ein geschichtliches Gesetz: daß eine Periode der Politik abgelöst wird von ihrem Gegenteil. Auf den wilden Weltrevolutionär Napoleon folgte sein Gegenstück: die kleinlaut-matte Bürgerlichkeit. Auf den exzessiven Zarismus folgte das Gegenstück: der exzessive Bolschewismus. In dem kleinen Ungarn war der faschistische Horthy logisch das Gegenstück zu dem kommunistischen Bela Kun. Das sind klare Gegensätze. Jedoch in Deutschland...

Da in Deutschland jetzt wildester Nationalsozialismus herrscht, müßte man glauben, daß zuvor wilder Internationalismus geherrscht hat. Keine Spur!... Da in Deutschland jetzo schärfste Feindschaft gegen den Pazifismus am Ruder ist: so müßte man glauben, daß zuvor schärfster Pazifismus am Ruder war. Keine Spur... (Die deutsche Sozialdemokratie hatte sogar für den Panzerkreuzer gestimmt).
An Deutschland scheitern die Weltgesetze. An dem Verschwommenen, Zerfließenden, Wirren.
(Deutschland hat zu viel echte Musiker gezeugt, um logisch zu sein).

IV. Wer ist, für einen Deutschen, Hitler? Für manchen: »Der heilige Adolf« — schwärmerisch von fast religiös Hoffenden verehrt.
Der Messiasglaube ging von den Juden zu den Antisemiten. (Dem entspricht er).

V. Gibt es heut (wie die Nazis komischerweise behaupten) eine »Renaissance« in Deutschland?
Der schweizerische Historiker Burckhardt sagt: in der Renaissance hatte der durchschnittliche Mensch zwei Wünsche — einen Anzug zu besitzen und nicht erstochen zu werden.
Dann gibt es in Deutschland eine Renaissance.

VI. In diesen Tagen bekam ich von Bernard Shaw einen Brief, den er freundlich mit »a barren sympathy« schloß. Die Nazijagd auf Menschen, auf die eigne Landsmannschaft nennt Shaws Brief eine »Katastrophe«. Hitlers Vorgehn erscheint ihm nicht als politische Hand-

lung, sondern als ein »Zustand geistiger Besessenheit«; (»phobia«).
(Shaw ist hinterdrein übrigens halb umgefallen).
Der Brief sagt dann: »Seit dem Widerruf des Edikts von Nantes gab es kein Pogrom wie dieses«. Er hat recht. Damals machte man Pirsch auf Hugenotten. Das ist ein Vierteljahrtausend her. (Nur? Die Hitlerischen sind hier modern: sie gehn sonst bis in die Steinzeit zurück).
Shaws Brief setzt hinzu: »Pogrome dauern zum Glück nicht lange« ... Wirklich nicht? Nach der Aufhebung des Edikts von Nantes durch Ludwig XIV. gab es... einen vierjährigen Krieg. Danke! Erst Ludwig XVI. machte der ekelhaften Verordnung ein Ende. Somit: erst die dritte Generation!
Wollt ihr heut so lange warten? hä?

VII. Der Franzose G. Bourdon veröffentlichte 1913 das Buch »L'énigme allemande«. Mir schreibt er die tragische Ehre zu, daß ich von allen Deutschen, mit denen er geredet, als einziger damals über den drohenden Krieg rücksichtslos die Wahrheit gesagt. Unter den Wahrheiten des Buches findet sich mein Satz: »Le fond de la race est resté guerrier«; im Kern blieb der Deutsche kriegerisch.
Goethe hat es gewußt, als er jemand rülpsen ließ:
Wenn einer mir ins Auge sieht,
Werd' ich ihm mit der Faust gleich in die Fresse fahren.
Zu dieser Menschengruppe gehört die Hitlerschaft.
Ihr standen die deutschen Linksparteien gegenüber...
Besaßen sie mehr Ethik? Vielleicht. Auch Schwäche? Wahrscheinlich. War es ein Gemisch von Ethik und Schwäche? Offenbar. Weniger Ethik als Schwäche? Totsicher.

VIII. Deutsche Linksparteien gingen oft in die Theater, wo man politische Tendenzstücke gab. Wenn sie applaudiert hatten, glaubten sie gehandelt zu haben...
(Die Beseitigung der Nazis wird nur möglich sein, wenn die Dramatiker still sind).

IX. Gibt es einen Aufstieg in der Moral? Ein Argument war mir bisher, daß heute die Folter abgeschafft ist. Die Nazis haben sie wieder eingeführt.
(Worauf soll man sich verlassen?)

X. Gebt ihr euch dem Wahn hin, daß die Geschichtsentwicklung eine grad aufsteigende Linie bildet? Ja; glaubet fest an den Aufstieg im großen: aber zwischendurch an grauenhaften Stillstand. An grauenhafte Rückwärtsbewegung.
Denkt an die Zeit nach 1300; sie ähnelt ja der unsren: in ihrer Verzweiflung. Damals war der Grund die Pest; der »schwarze Tod« — heute der Mangel; als Kriegsfolge. Damals macht sich die Ratlosigkeit Luft in der tobenden Geißlerfahrt, im Flagellantentum, in Verfolgung der Juden. Man sucht blöd einen Sündenbock für die Pest (statt eine Medizin gegen sie).
Wie heut.
Immerhin: auch diese Zeit war einmal vorüber; es ging wieder aufwärts. Die uralte »Limburger Chronik« sagt vom Jahre 1350: »Darnach, da das Sterben, die Geißelfahrt und Judenschlacht (das Schlachten der Juden) ein Ende hatte, hub die Welt wieder an zu leben und fröhlich zu sein«. Soll diese »Fröhlichkeit« noch jemals über Europa kommen...?
Eilt euch!

XI. Pilatus fragte: »Was ist Wahrheit?« Heute fraget lieber: »Was ist Wahrscheinlichkeit?«
Ich denke mir folgende Geschichte. Mitten in kultivierter Gegend bemächtigen sich schwere Jungen der Gewalt, durch Schwindel und Brutalität. Sie vernichten einen Teil der Umwohner (körperlich, wirtschaftlich); zwingen eine starke Minderheit, ihnen zu folgen; erheben Wortbruch und Grausamkeit zum Prinzip: setzen an die Stelle der Sicherung den Diebstahl; verwandeln Menschenrecht wieder in das Recht auf Raub; erneuern in andrer Form den Hexenwahn; kurz: gefährden alles, was in sechstausend Jahren von den Bewohnern des Sterns Erde mühsam erreicht ist — und was geschieht?
Was ist hier wahrscheinlich? Man wird sie unschädlich machen — nicht? Alle Kulturmächte sind einig: man legt ihnen das Handwerk; man gibt ihnen (durch ökonomischen wie moralischen Druck) den Fang — was?
Das ist... wahrscheinlich.
Aber nicht wirklich (Wirklich nicht wirklich!).

XII. Noch eine Geschichte? Die Kulturmächte nehmen sogar diese Kulturzerstörer (diese »Hors la loi«) freundlich in einen Bund auf! Erklären sie damit für gleichberechtigt!
Was? die Bedroher des menschlichen Gesamtgutes?... Ich höre: »Das ist unwahrscheinlich!«
Aber dies Unwahrscheinliche ist die Wirklichkeit.

XIII. Noch eine letzte Geschichte? Dorfbewohner wissen von einer benachbarten Räuberbande, daß sie zwar im Augenblick nicht genug Pulver hat, daß sie aber welches mixt. Das bedrohte Dorf nutzt diesen Augenblick, sie unschädlich zu machen, — nicht wahr?...

Nein; es wartet; es bleibt geduldig; zögernd; tatlos: bis die Patronen fertig sein werden…
Dies ist, findet ihr, das Allerunwahrscheinlichste?
Dies Unwahrscheinlichste, dies ist das Allerwirklichste!
(Der Satz »credo quia absurdum«, »ich glaubs, weil es unglaublich ist«, hat seine Grenzen. Heut heißt es, weil sogar das Pradox erbleicht und in Ohnmacht fällt — hier heißt es wieder einfach: »Ich glaube das nicht… weil es unglaublich ist«).

XIV. Ich sage Euch: Die Nazis würden (was man sich in Frankreich nicht genügend vorstellt) die schönste Stadt des Erdballs, die an der Seine, bedenkenlos aus der Luft vernichten; bis auf das letzte Haus; bis auf den letzten Stein. Ohne mit der Wimper zu zucken.
Die patriotischen Intellektuellen Deutschlands liefern dann hinterher die Rechtfertigung: die wissenschaftliche, moralische, juristische, organische, religiöse, literarische, vaterländische, metaphysische, abracadabrische Rechtfertigung.

XV. Vorher würde friedlicher Wille… nicht nur beteuert; das natürlich. Sondern geglaubt.

XVI. In meiner Jugend las ich einen drolligen Vers von Maurice Donnay: »Oui, tu nous rouleras… encore plus d'une fois«. — »Einst machst du uns noch alle dumm«.
Soll das der armselige Hitler? Ihr könnt es nicht wollen!
Das wäre, gar zu sehr: »Zwar nur… Politik«.

(Erschien im August 1933 in den europäischen Sprachen).

Politik — oder Zivilisation?

I. Ist dieser Titel nicht sonderbar?... Gibt es wirklich heut einen Gegensatz zwischen Politik und Zivilisation?

Leider. Das ist ja die tiefste Tragödie der Zeit.

Wißt Ihr, was »Ethik« ist? Ungefähr dasselbe, was man auch »Moral« nennen kann oder »Gewissensreinheit« oder »Menschlich edles Handeln«. Gibt es einen Gegensatz zwischen Ethik und Politk?... Dreimal ja. Scheußlich!

Die Welt hat auf allen Gebieten des Wissens Fortschritte gemacht; nur durchaus nicht in der Politik. Betrachtet, bitte, die Weltlage von heut — dann seht Ihr: die Politk ist auf dem Punkt stehngeblieben, auf dem sie vor Jahrhunderten stand; auf dem egoistischen.

II. Nein; nicht ganz. Die Idee des Völkerbunds ist (oder war) ein ethischer Fortschritt. Aber diese Idee blieb... eine Idee. Nicht eine technische Wirklichkeit; darauf kommt es an.

Soll ich ein Gleichnis geben? Mein toter Freund aus dem Berliner Grunewald, Walter Rathenau, war im Vorstand der größten deutschen Elektrizitätsgesellschaft, der AEG; er gab ihr... Ideen; Anregungen. Aber seine kommerziellen Amtsbrüder haben mir oft vorgejammert: »Er sagt nicht, wie seine Ideen durchzuführen sind!« Sie rauften sich das Haar.

In derselben Lage, genau, ist vorläufig der Völkerbund. Er strömt über von Ideen ethischen Inhalts, zivilisatorischen Inhalts — nur mangelt ihm die Möglichkeit des Verwirklichens. (Wir raufen uns das Haar).

III. So fährt die europäisch-amerikanisch-asiatische Welt fort, Politik in der alten Art zu machen. Nicht immer Politik gegen die Ethik, aber ohne die Ethik!... (Nicht immer antimoralische Politik, sondern amoralische Politik; also doch antimoralische Politik.)
Ich stimme mit dem Dichter Paul Valéry nicht überein, der gesagt hat: »La politique est une activité inférieure«, »Politik ist eine untergeordnete Beschäftigung«.
Zumal in dieser Weltkrise scheint pädagogische Politik die aktuellste Beschäftigung. Ich will gleich zeigen, weshalb.

IV. Blickt auf den gegenwärtigen Zustand. Denkt nicht an die unzivilisierten Völker: sondern an die sozusagen zivilisierten — die aber das Gesetz der Zivilisation kaffrig und bewußt mit Füßen treten. Das gibt es in Deutschland. Merkmal der Zeit. Der Nazi verficht (in der Verwirrung des Nachkriegs) tückisch-offen das Ideal der Illegalität; der Willkür; der Rechtlosigkeit; des Atavismus; des Wildenzustands; er sucht ein solches »Ideal« zu verbreiten; — und was geschieht?
Die Politik der gesamten Welt müßte dazu Stellung nehmen... jenseits von der reinpolitischen Routine. Tut sie das? Nein. Sie blickt mit politischen Augen — nicht auch mit ethischen Augen...

V. Die Politik hat aber künftig die Pflicht, nicht bloß wirtschaftliche Vorteile von Land zu Land einzutauschen. Sondern sie muß (haltet euch fest) die Moral der Welt auf eine neue Art stabilisieren; hüten; stärken. Das ist ihr neues, höheres Amt. Jawohl — und ob ihr alten Routiniers zehnmal darüber faucht!
Was der amerikanische Botschafter Hill (ich sprach öfter davon) vor zwanzig Jahren verkündet hat; was lange

vor ihm Karl Marx verkündet hat, daß die Moral der Staaten so werden soll wie die Moral anständiger Privatleute: dies muß künftig das Ziel der neuen, der unroutinierten Politik sein. Der ethischen Politik.
Es ist wieder Zeit, in dieser Elends-Ära die Leute zu erinnern, daß der Mensch nicht vom Brot allein lebt — sondern auch von der Ethik.

VI. Stellt euch vor, daß künftig an irgend einem Punkt der Erde, meinethalb in Patagonien, ein volkreicher Menschenstamm sich bemerkbar macht, der nicht nur die Zivilisation seines Landes zerstampft, sondern die dazugehörige Wahnsinnslehre möglichst zu verbreiten sucht — soll die Politik des Erdballs dann untätig bleiben? Soll sie warten, bis auch ihre Besitztümer (die greifbaren wie die ideellen) zerstampft sind? Soll sie weiterhin bloß »Politik« machen, also nur fragen: »Wird unsre Einfuhr in dieses Land gefördert — oder seine Ausfuhr, in unser Land? »So ist es aber heut, praeter-propter.
Die künftige Politik hat nicht Länderpolitik zu sein, sondern Planetenpolitik. In summa: nicht diplomatische, sondern ethische Politik. Dies ist das nächste Ziel der Welt.
Aber ich höre schon den Einwand...

VII. Ich höre schon den Einwand: »Was du da sagst, das ist so wie die Anregungen, die Walter Rathenau der AEG gegeben hat.« Nein! Haltet die Forderung nicht für idealistisch. Hier fällt ja der praktische Nutzen mit dem Ideal zusammen.
Auf die Dauer ist die »edlere« Politik auch die gewinnbringendere; die alte Schacherpolitik hat nur kurze Wirkungen; immer bloße Augenblickserfolge; sie muß jedes-

mal von vorn anfangen. Erst die streng ethische Politik wird auf die Länge die wahrhaft siegreiche, die beherrschende sein, so wie ein Warenhaus mit unreellen Tricks auf die Dauer schlechte Geschäfte macht. (Der deutsche Dramatiker Wedekind hat das gute Wort geprägt: »Die Moral ist das beste Geschäft«.)

VIII. Ein Beispiel? Bismarck gilt als politisches Genie. Mir scheint er als das Gegenteil. Viele Zeitungen erwähnen mit Recht sein Verhalten gegen Louis Napoleon in den sechziger Jahren. (Er hat ihm Belgien zugesagt, verriet aber zugleich den Engländern das französische »Gelüst« auf Belgien). Dies ist das Musterbeispiel einer dummen Politik; einer unmöglichen Diplomatie der ältesten Schule: denn durch das Mißtrauen, das hieraus erwuchs, hat er dem Land, bis in die Gegenwart, weit mehr geschadet als genützt. Er vestieß nicht nur gegen das Ideale: sondern gegen das Praktische. Bismarck war ein kurzsichtiger Politiker: weil er ein unethischer Politiker war.

IX. Zur Ethik in der Politik gehört nicht nur, wenn ich es so nennen soll, die Anständigkeit in der Defensive. Es genügt nicht, ehrenhaft zu bleiben und zuzusehn. Sondern es gilt, aktiv ethische Kontrolle zu üben. Wir merken heut mit Entsetzen, daß sie nirgends besteht. Wir merken heute, daß die Welt bereit ist, sich an alles zu gewöhnen. Auch an das vor ganz kurzer Frist für unerhört, für undenkbar Gehaltene. Flaubert sagt mal in einem Brief (es blieb mir im Kopf haften): »A force d'embêter les gens, ils cèdent«; auf deutsch: »Wenn man die Menschen genügend löchert, geben sie nach«. Das ist der eine Grund für die heut so furchtbare Passivität vor allerhand schlimmster Unethik.

Der andre Grund liegt in einem, na, Prinzip. In dem blöden Prinzip der Nichteinmischung in die Angelegenheiten fremder Länder. Das ist ein reinpolitisches, nicht ein ethisches Prinzip. Ein Dogma der alten Routine das zuerst fallen muß, — wenn die Welt besser werden soll.
Ich sage euch: Die größte Gefahr liegt nicht in der Ausübung der Unethik, sondern in ihrer Duldung. Ihr braucht keine Angst zu haben vor der Unmenschlichkeit eines Landes: aber vor der Untätigkeit aller übrigen.

X. Ethisch handeln heißt in der Politik nicht immer: sanft handeln. Doch immer: klug handeln. (Seid nur manchmal sanft wie die Tauben — wichtiger ist es, klug wie die Schlangen zu sein.) Dazu gehören zwei Dinge: Erstens. Haltet den Gegner nicht für einen gentleman — auch wenn ihr gentlemen seid (was ja vorkommen kann). Das wäre der schlimmste Fehler; es kann euer Tod sein: Zweitens: Denkt niemals: »Dahin kommt es nicht, wir leben schließlich im zwanzigsten Jahrhundert.« Dies war die Sprache der deutschen Sozialdemokratie... bevor sie unterging.

XI. Eine dritte, letzte Forderung kommt hinzu. Beeilt euch (presto-presto!) mit der neuen, starken, ethischen Politik: sonst beginnt für Europa morgen eine Epoche, die der römischen Kaiserzeit verdammt ähnlich sieht. Mit wechselnden Diktaturen, dunklen Bandenführern, unübersehbarem Chaos.
Oder (wenn ihr einen Vergleich aus der Gegenwart wollt): sonst ist morgen unsre Welt ein China... auf Jahrhunderte.

(Erschien Dezember 1933 in den Kultursprachen).

Verworrene Welt ...

I.
Verworrene Welt ... Der Erdengarten
Erglänzt in fahl-verdächtigem Licht.
Das Grauen grinst. Die Hunnen starten.
Die anderen flüstern, wägen, warten —
Und rühren sich nicht.

II.
Deutschland verrottet und verroht.
Die Luft von Giften schwül und schwer.
Das Blutrecht herrscht. Dem Erdball droht
Der dunklen Urzeit Wiederkehr;
Man schärft das Beil zum großen Streich
Im Dritten Troglodytenreich;
Schon stelzt vor »Staffeln« und »Standarten«
Der Mordbandit, der braune Wicht;
Die andren flüstern, wägen, warten —
Und rühren sich nicht.

III.
Warum? Das ist die heilige Lehre:
Strenges Verbot »sich einzumischen«.
Und wenn die Welt voll Teufel wäre!
Fährt keiner dazwischen;
Das tut man nie, das darf man nie!
Dies Ganze nennt sich: Diplomatie.
Es gibt in apokalyptischen Zeiten
»Innere Angelegenheiten«.
Die einen morden in guter Ruh,
Sind geheiligt, sind tabu —
Die andren flüstern und gucken zu.

Der philosophische Nazi

I. Niemand wird behaupten, daß die Völker der Erde vorwiegend aus Weisen bestehn. Leider nicht. Aberglaube, Torheit, Wirrnis herrschen überall. Aber nur in Deutschland wird die geistige Verwirrung philosophisch ausgedrückt. Das ist es.
Ich liebe mein Land; aber nicht mehr als menschliches Erkennen. Die größte hirnliche Verschwommenheit lebt heute zwischen Weichsel und Rhein.
Sogar die subalterne Brutalität der Hitlerleute bekommt (nachträglich!) eine philosophische Begründung.

II. Legenden soll man zerstören. Ich glaube nicht, daß Deutschland eine Liebe zur Philosophie hat; es hat nur eine Liebe zur philosophischen Ausdrucksweise. Was ein Unterschied bleibt.
Deutschlands »Liebe zur Philosophie« ... Die deutschen Philosophen hatten jedenfalls keine Liebe zu Deutschland. Hier öffnet sich ein Anblick von tragischer Lächerlichkeit. Schopenhauer (sein Zeitgenosse, der militante Katholik Böhmer, berichtet es) wurde zu Frankfurt aus einem Kaffeehaus geworfen, weil er sagte: »Die Deutschen haben einen Nachteil und einen Vorteil: sie sind zwar das dümmste Volk der Erde, aber auch das irreligiöseste«. Nach dem liebenswürdigen Urteil flog er auf die Straße. (Das Urteil war sicher ungerecht).

III. Nietzsche vollends, neben dessen Marmorbüste sich Hitler-Adolf photographieren ließ (ohne daß der Apparat zersprang) redet von den Deutschen immer mit der tiefsten Verachtung. Nietzsche, vergöttertes Idol

der Nazis, war bekanntlich der konsequenteste Beschimpfer des deutschen Charakters. Auch hier liebt weniger der Philosoph Deutschland, als Deutschland die Philosophie ... zu lieben behauptet.
Man macht sich vom ganzen Umfang des deutschen Wirrwarrs keinen Begriff. Der Naziheros Nietzsche, mit Vornamen Friedrich Wilhelm, betont voll Stolz, das ist weltbekannt, seine polnische Herkunft. Derselbe Nietzsche behauptet, daß der andre Naziheros Wagner, ein Jude war. Nietzsche selbst aber verherrlicht seinerseits, wo er kann, die Juden... Man schnappt nach Luft.

IV. Wieso kam der seichgeschaltete Hitler zu dem unbezahlbaren Photo mit Nietzsche? Weil Nietzsche den Altruismus für Sklavenmoral erklärt. (Entweder is ma' Diktator oder net!).
Sklavenmoral?... Der Altruist Buddha war, scheint mir, ein Aristokratensohn. Der Altruist Moses erwuchs am stolzesten Herrscherhof. Und prägte doch den unsterblichen Satz: »Liebe deinen Nächsten als dich selbst«, welches die größte der Erfindungen ist seit dem Auftauchen des zweibeinigen, senkrechten Säugetiers, Mensch genannt.
Also mit der Sklavenmoral ... ist es nichts.

V. Die philosophischen Oberlehrer unter den Hitlerianern sind immer bereit, jenem Nietzsche die Wagnerbeschimpfung, noch die stärksten Bekenntnisse der Deutschenmißachtung zu verzeihen: vielmehr taktvoll über diesen Punkt wegzugehn, als ob er nicht bestände: weil der Prediger des Willens zur Macht halt amtlich als Philosoph des »Dritten Reiches« (Plagiat für: La terza Italia) bestallt ist.

VI. Im übrigen bleibt es eine kindliche Vorstellung, daß etwa die Hitler und Goering — ein lunatischer Kleinbürger und ein rüder Sanatoriumskunde — nach dem Rezept Nietzsches ihre Grausamkeiten, ihre Wortbrüche, ihre Tücken, ihre Hinterhältigkeiten theoriegelehrig verübten. Vielmehr geschah das aus angeborener Neigung. Aber aus Verlegenheit auch: um in ihrer schweren Lage sich um jeden Preis an der Macht zu halten ... sei es durch unmenschliches Vorgehn.

Desperados brauchen keinen Nietzsche.

Sie verwenden einfach im Frieden Mittel des Kriegs — gegen die eignen Landsleute; wie 1914 bis 1918 gegen das Ausland. Ihr geistiger Handwerkskasten besteht nicht aus Nietzschephilosohie: sondern aus Erinnerungen an Tricks wie »Flieger über Nürnberg«, die nie geflogen sind; oder (nach außen hin) an die unfriedlichen Liebesbeteuerungen Ludendorffs an Polen.

Die Erinnerung an Nietzsche kommt ... hinterher. Das ist Zuwag'. Das ist Luxus. Das ist Literatur. Zwecks Beschwichtigung der intellektuellen Patrioten um Hitler, denen keine Niedrigkeit zu niedrig ist, wenn zugleich der Ruf »Hoch Deutschland« ertönt.

Das ist die »Philosophie« der Hitlerei.

VII. Wir Deutsche besitzen den Philosophen Kant. Die Welt besitzt ihn. Er hat herrlich die Erkenntnis über die Erkenntnis vermehrt. Das steht fest.

Weniger fest steht etwas andres. Hat Immanuel Kant Deutschland ebenso geliebt wie Deutschland die ... philosophischen Ausdrücke?

Dieser große Deutsche stammt, wie man weiß, zunächst von einem Sattler aus Schottland. (So wie Dürer, nach Ergebnissen der Forschung, vermutlich magyarischer Abkunft ist: die Familie zog aus Türn in Ungarn nach Nürn-

berg; so wie Beethoven anscheinend wallonischen Ursprungs ist; und Goethe war durchaus nicht blond... o Rassenphilosophie!) War in dem Philosophen Kant das deutsche Gefühl sehr mächtig?
Als das russische Heer Ostpreußen besetzt hat, was tut er, der philosophische Stolz Deutschlands? Empört er sich wider die Eindringlinge? Wider die Gegner des Vaterlands? Nein. Er bittet die russische Zarin um Gehaltserhöhung ... Diesen Brief hat man gefunden. Kants Neigung zu Deutschland war also wiederum geringer, als Deutschlands etwas legendenhafte Neigung zur »Philosophie«; id est: zur philosophischen Bezeichnung sehr realer Dinge ... Am realsten bezeichnet sie heute Spengler, der Philosoph rechtsgerichteter Preußen, — aber selbst er, ein gemäßigter Gewaltdozent, kehrt sich von den Nazis ab. Er philosophiert nur deutschnational. Man philosophiert nach Parteien.
Das alles ist eine große Komödie.

VIII.

Ein schweizerisch-deutscher Maler — er hieß Stauffer Bern — wurde von Freunden gefragt: »Wie kannst du ein dauerndes Liebesverhältnis mit einer so ungeistigen Person haben?« Er sprach: »Die hat ihre Philosophie hier ...« (er wies auf einen wichtigen Punkt ihres schönen Körpers).
Auch Deutschland hat seine Philosophie ... wo anders als in der Philosophie.
Wollt ihr sie kennen lernen (im wahren Deutschland, also nicht in Hitler-Deutschland): so hört ein paar wundersame, versonnene, innige, tiefe, reine, fast schweigende Takte deutscher Musik; sie darf selbst von einer so weichen Kraft wie Robert Schumann sein; oder von dem in Frankreich wenig bekannten Hugo Wolf.
Versteht mich recht: sie geben kein Richtlinie fürs Han-

deln; aber sie geben den Beweis, wie sehr entfernt wahres Deutschtum von aller Niedrigkeit, Grausamkeit, Verlogenheit und Erbärmlichkeit ist.
Ich wage kaum, Beethoven hier zu nennen, diesen urdemokratischen Ersinner der Neunten Symphonie, der gesungen hat: »Seid umschlugen, Millionen... Alle Menschen werden Brüder!« ... Ihn hätten die (bolschewisierenden) Nazis entrüstet als einen Bolschewik verfolgt, vor allen Dingen aber sein Bankkonto beschlagnahmt.

IX. Die Dikatur, die eine Pest ist, gilt als eine Mode. Moden gehn vorüber. Zwar, den Ekel vor schlappen Republikanern fühlt man mit. Man müßte jedoch mindestens wissen, was auf dem Gegenufer gemeint ist: daß jemand (in der Not) mal auf dem Billard schläft — oder daß die Betten abgeschafft werden.

X. Die Diktatur erscheint mir ... als das, was die Ärzte »Klimakterium« heißen. Klimakterium ist: das letzte, starke Hochflackern einer zum Untergang bestimmten Funktion.
Die Willensknebelung fortgeschrittener Menschen, durch einen zweifelhaften einzigen: das ist zum Untergang bestimmt.
Und wenn ein markig-kernig-zackiger Blondphilosoph diesen letzten Rückfall verteidigt, so ruft man, mit Romeo bei Shakespeare: »Hang up philosphy!«
Hängt die Philosopohie!

Oktober 1933.

Der Biolog

I.

Das »jus primae noctis«, das einstens waltete,
Wünscht er wieder, für Gleichgeschaltete.
Er ist Professor ... und lehrt die Art,
Wie sich der Pg. passend paart.
Er hebt die Feder zum Hitlergruß
Und schreibt ein Buch, das hat Hand und Schmuß.
Auf biologischem Wege
Liefert er die Belege.

II.

»Wer einem Weib die Unschuld nimmt,
Und als der Erste bei ihr liegt,
Dem ähneln die künftigen Kinder bestimmt,
Die sie von einem Andern kriegt.
Sie denkt bei dem an diesen ...
Das ist erwiesen.
Drum bleibe der Bräutigam erstmals fern —
Die Hochzeitsnacht gehört dem Herrn!
Der tut es mit den Mädeln:
Die Rasse zu veredeln.«

III.

So er. — Doch weigert sich eine Braut
(Die Trulle hat eine Schrulle),
Wird Göbbels mit dem Amt betraut
Als idealer Bulle.
Dann kriegt sie ein Kind wie Baldur süß,
Gemordet, mit zwei linke Füß,
Vom Ohr zum Öhrchen reicht sein Mund,
Die Bäckchen hängen tief herunt,
Das Köpfchen, gottbehüte,
Gleicht einer Tüte,

Platt rückwärts weicht das Stirnchen hin,
Am Unterkiefer fehlt ein Kinn;
Das Rüsselnäschen blutlos-weiß,
Ein langgedehnter spitzer Steiß,
Die Äuglein spärlich wie ein Spalt,
Jedoch die Klappe schleimt und lallt;
Zwei Ärmchen hebt es, dürr wie Holz — —
Der Vizevater lächelt stolz:
»Es wird emporgezüchtet!«
Die Mutter schreit und flüchtet.

IV.

Der Biologe sieht das Kind
Und sagt, indem er sachte sinnt:
»Den ersten tastenden Versuch
Der Zukunftszeugung zeigt mein Buch.

Zwar Stamm und Rasse sind gestählt,
Doch schmerzt mich, daß die Krönung fehlt;
Mein Bändchen, schwer von deutschem Geist,
Fühlt sich im Grunde doch verwaist:
Was soll mein Zukunftszeugungsband
In Röhms und Hitlers Hinterland?«

April 1934

Paradoxes Zeitalter
An fünfzehnjährige Schüler

I. Seid ihr euch klar, in welchem Zeitalter wir leben? Erraten könnt ihr es aus einem Rechenexempel — wie mans in der Schule macht. Nämlich:
Wie lange hat die französische Revolution gedauert? Sie begann 1789 und war zu Ende ... wann? Genau besehn, erst 1815, als ihr stärkster Sprößling, Napoleon, erledigt war. Das sind im ganzen 26 Jahre.

II. Jetzt kommt ein Regel-de-tri Exempel. (Paßt auf, Jungens). Wenn die Revolution eines einzigen Volks, des französischen, 26 Jahre gedauert hat; wie lange wird dann die heutige größere Umwälzung dauern, die fast alle Völker des Erdballs umfaßt (weil die wirtschaftlichen Folgen des Weltkriegs eine gemeinsame Veränderung erzeugten). Wie lange heut?
»Länger als 26 Jahre — in jedem Fall.«
»Richtig. Dieselbe Antwort wird jeder von euch geben, ob er nun Durand heißt oder Pedro Gonzalez oder Billy Jenkins oder Mario Spaghetti oder Hans Schulze — oder sonstwie. Aber ...«

III. »Aber diese Antwort ist unbestimmt: länger als 26 Jahre. Bitte nennt eine bestimmtere Zahl — schätzungsweise. An der heutigen allgemeinen Veränderung (infolge des Weltkriegs) nehmen teil: Deutschland, Frankreich, Rußland, England, Italien, Österreich, Belgien, die Kleine Entente, Nordamerika, Südamerika, Japan ... genug! mehr als zehn Staaten. Wie lange kann also die heutige Weltumschichtung dauern?«

»Zehnmal so lange wie damals.«
»Das wäre schrecklich ... Rechnen wir nur fünfmal so lange. Das macht ... Jenkins?«
»5 mal 26 Jahre, somit 130 Jahre.«
»Und wieviel Zeit verfloß davon seit 1914?«
»Noch nicht 20 Jahre.«
»Voilà. Ecco. There you are. Da habt ihr'sch ...! Durand, Sie wollen etwas äußern?«
»Ja. Heut geht alles viel schneller als damals; folglich wird es nicht so lange dauern.«
»Schön, lieber Durand; das ist ein Trost... Aber können Sie es bestimmt versichern?«
»Verbürgen? Nein. Hoffen? Ja.«

IV. (Der Redende spricht weiter; halb ist es ein Monolog — halb eine Aufforderung).
... So ungewiß die Dauer des neuen Weltabschnitts ist: so gewiß seine Verworrenheit. Ich finde bei Pascal ein Wort über die Diktatur — die heut in so vielen Ländern entweder besteht oder: bevorsteht. Zwar unterschreibt mein Verstand nicht alles, was dieser halbfromme Zeitgenoss des Corneille heimlich zu Papier gebracht hat — aber der folgende Satz, vor drei Jahrhunderten geäußert, ist unter allen Bedingungen kennenswert.
Pascal sagt: »Zwar herrscht notwendigerweise zwischen den Menschen Ungleichheit; aber wenn man dies einmal zugesteht, öffnet sich Tür und Tor nicht bloß für eine vollkommene Herrschaft, sondern für eine vollkommene Tyrannei.« — »Il est nécessaire qu'il y ait de l'inégalité parmi les hommes, cela est vrai; mais cela étant accordé, voilà la porte ouverte, non seulement à la plus haute domination, mais à la plus haute tyrannie«.
Vollkommene Tyrannei ... Lieber Pascal, wem sagen Sie das? Sie ahnten die heutige Regierungsform. Wiederholen Sie es der Gegenwart, aus dem Sarg!

V. Paradoxe Zeit. Vormals vergossen die Erdsöhne Schweiß und Blut, um von der absoluten Monarchie loszukommen; sie errangen mit schweren Opfern das konstitutionelle Königtum. Dies wiederum stürzten zahlreiche Völker mühevoll, zugunsten der freieren Republik. Und jetzt?
Jetzt, als Krönung ihres Ringens, ihres Robottens, ihres jahrhundertlangen Schuftens — jetzt landet jene pascalsche »vollkommene Tyrannei«; das ist: wieder der Zustand, der vor der absoluten Monarchie geherrscht hat.
Ist die Zeit paradox? Ist eine Spur von Logik in ihr? Vollzieht sich die Menschheitsentwicklung etwa normal? Schritt für Schritt? Man sagt: »Die Natur macht keine Sprünge.« Dann scheint ihr die Geschichte hoch überlegen: die kann sogar rückwärts springen.

VI. Dennoch, Jungens, braucht ihr nicht zu verzweifeln: die Geschichtsentwicklung ähnelt zwar bisweilen der Springprozession in dem hübschen luxemburgischen Ort Echternach — wo die Wallfahrenden immer zwei Schritt vorwärts, dann einen zurück springen (oder umgekehrt). Aber das geschieht (ich sag' es euch zum Trost) nicht jeden Tag! Auch die Geschichte vollführt den Echternacher Sprung bloß in Ausnahmefällen: bloß in Übergangszeiten. Hernach steigt sie einfach vorwärts ... in die Höh'. Mit schwerem Gepäck beladen — aber sie steigt ... und sieht nachträglich hinab: auf die Stellen, wo ihr Aufstieg einstens stockte.
Also soll man nicht verzweifeln.

VII. Aber feststellen! Die Ausbreitung der Diktatur in der heutigen Rückfallzeit (id est: Übergangszeit) ist nur ihr sichtbares und erschreckendstes Merkmal

— durchaus nicht ihr einziges. Wohin ihr seht: Unlogik, geistiger Nebel, modernst getünchter Ur-Aberglaube. Dabei wird der Unsinn gar noch polemisch geäußert.
Beispiele?
Korruption ist gewiß etwas Ekelhaftes. Aber noch ekelhafter die polemischen Folgerungen, die das Parteileben daraus zieht. Wenn Korruption in einer demokratischen Republik wie Frankreich entdeckt wird, krähen sofort viele Stimmen: »Die demokratische Republik ist schuld!« Nur in der demokratischen Republik sei das möglich ... Wißt ihr, wer diesen Wahn längst widerlegt hat? Emile Zola — in einem heut verschollenen Aufsatz, »La vertu de la République«.
Darin zeigt er, daß die Korruption wirklich nicht an eine bestimmte Staatsform gebunden ist ... Er fragt: Was wäre wohl aus dem Panamaprozeß geworden, wenn sich alles in einer Monarchie zugetragen hätte? (Er denkt an das zweite Kaiserreich). Zolas Antwort heißt: der Fall würde vertuscht, den Zeitungen würde heilsames Schweigen auferlegt ... Aber dies alles, teurer Emile im Panthéon, gilt für die Diktatur fünffach und zehnfach. Ist der Diktatur nicht oft die ganze Gesetzgebung eine einzig (legalisierte) Korruption? Viel schlimmer als jede private! In der Diktatur ist die Unmoral so oft nicht ein Einzelfall, sondern etwas Prinzipielles... Den Blättern wird heilsames Schweigen auferlegt, sagt Zola — kann das eine Republik? Nein. Die Diktatur macht es dreimal täglich! Das ist die Wahrheit. (Alles dies hindert aber die Diktatur keineswegs, heut ... nicht nur eine Mode, sondern eine Epidemie zu sein).

VIII. Ja, Jungens, die Gegenwart platzt vor Unlogik. Besonders wenn eine sinnlos chauvinistische Lehre so recht dogmatisch in ein System gebracht wird.

Jeder übersteigerte Nationalismus ist gezwungen, unehrlich zu sein. Vor mehr als hundert Jahren schrieb Kleist (das ist bekanntlich ein deutscher Klassiker) sein Drama von der »Hermannsschlacht«. Als darin Hermann der Cherusker, der gegen die Römer kämpft, von einer römischen anständigen Handlung hörte, ruft er das ewig kennzeichnende Fälscherwort: »Was brauch ich Latier, die mir Gutes tun!« Er verkündet also den grundsätzlichen Entschluß, die Wahrheit zu entstellen... aus Patriotismus. Seine Losung heißt nicht: fair play; sondern: vorteilhafte Lüge!

Im selben Schauspiel dieses herrlich sprachbegabten Dichters (der am furor teutonicus krankte) findet sich der äußerst kategorische Imperativ:

»Schlagt sie tot; das Weltgericht
fragt nach euren Gründen nicht!«

Bewußtes Abrücken somit von allem Ethos — schon damals. Nur auf Erfolg, nur auf die vollendete Tatsache kommt es ihm an... aus Supernationalismus. Sein Hirn haust schon jenseits von Gut und Böse. Kleist hat, ein Jahrhundert vor Nietzsche bereits, heftig »mit dem Hammer philosophiert.« Mit dem Hammer? Manche Diktatur der Gegenwart philosophiert mit der Keule.

(Ich habe Kleists Verse stets geliebt — nicht seine Inhalte; das gibt es!)

IX. Paradoxe Zeit. Ja, wie die Politik hinter die absolute Monarchie zurückgerutscht ist: so rutscht die Sittenlehre heute zurück in den Vor-Sinai-Zustand.

Soll ich ein Gleichnis für das Ganze bieten? Gebt acht. Die Menschheit wird gewöhnlich als ein Wanderer dargestellt — wo ist er heut? Na, Jungens?

Er fiel bei dem mühsamen Aufstieg in eine Gletscherspalte. Bis er herauskrabbelt, vergehn... mehr als 26 Jahre.

(Das ist eine Bagatelle für die Ewigkeit... Doch er wird sich herauskrabbeln).

X. ...Wovon sprach ich? — Von einer Regel-de-tri-Aufgabe. Von Pascals Ansicht über die Diktatur. Von der Echternacher Springprozession. Von Zolas Meinung über Korruptheit. Von Kleists Moralstandpunkt. Und von dem Bergsteiger in der Gletscherspalte.

XI. (Seid getrost:
Er krabbelt sich raus.)

Februar 1934.

Der Krieg hat noch nicht aufgehört...

I. Ihr glaubt vielleicht, der Titel sei ein Irrtum — es solle heißen: »Der Krieg hat noch nicht angefangen«... Es ist kein Irrtum. (Obschon, auch dieser Satz wahr ist: »Der Krieg hat noch nicht angefangen«).
Was wir heut erleben, ist nicht »schon wieder« Krieg, sondern »noch immer« Krieg.

II. Bekanntlich wirkt ein Krieg nicht nur durch Bomben, Giftgas, Bazillen: auch durch Mittel, welche die Seele beeinflussen, verändern, schädigen. Ein solcher tobt heute: die unterirdische Fortsetzung von 1914-1918. Ihr merkt es an folgenden Punkten:
Erstens. Kriegerische Mittel werden in manchen Ländern gegen die eignen Bewohner angewendet; man behandelt sie als... Unterjochte. Die Kriegslist wird im Innern für die Propaganda benutzt — zum Teil mit denselben Lügen. Die Bevölkerung wird angriffsgierig gemacht, indem man einem Gegner Verbrechen zuschreibt... wie im Krieg. Menschengruppen werden als schuldig und hassenswert hingestellt — wie im Krieg. Das dient zur Konzentration. Zur... inneren Vereinheitlichung. Man kotzt.

III. Zweitens. Da im Krieg die Moralgebote schweigen (höchstens flüstern), setzen einzelne Kaufleute diesen unmoralischen Zustand im sogenannten Frieden fort. Gestalten wie Kreuger sind nur denkbar in der Gewissens- und Wirtschaftszerüttung nach einem Krieg: weil im Krieg der Wert anständigen Handelns zurücksteht hinter dem Vorteil um jeden Preis. Weil gegen »Feinde« Betrug nicht als unehrenhaft galt.

Der Pirat Stavisky blieb im Verhältnis zu dem Nordgermanen Kreuger ein Waisenkind — und steht zahlenmäßig weit zurück hinter dem deutsch-nationalen Brüderpaar Lahusen (bodenständig in der treuen Hanseatenstadt), deren Betrug eine Milliarde zweihundert Millionen französischer francs umfaßte. Somit um vieles mehr als der schüchterne Beginner Stavisky (nur mit größerem Aufsehn) stahl.
Die zwei Brüder sind im Gefängnis — Stavisky und Kreuger im Jenseits; sehr zu ihrem Nachteil, da sie dort nicht amnestiert werden können.

IV. Der dritte Punkt, welcher die unterirdische Fortdauer des Weltkriegs beweist:
Geistige Verwirrung wird im Krieg systematisch gefördert — und grassiert nachher im Frieden. Mystische Stimmung. Abergläubische Predigten hysterisch gewordner Hirne... wie im Krieg. Subalterner Schwindel. Atavistische Legenden. Tief inbrünstige Religion der Brutalität — wie im Krieg.
Als vor zweitausend Jahren Rom Krieg führte gegen die ganze Welt: da gingen sogar in dem spiritualistischen Volk Israel die »Sicarier« (sicarii) herum; fanatische Dolchträger, die Andersgesinnte mordeten. Rom (eiskalt und berechnend selber) schuf damals diese Atmosphäre: die dunkel schwälende Romantik der Gewalt. Als Folge des dauernden Kriegszustands.

V. Vierter Beweis. Daß heute der Weltkrieg unterirdisch fortgeht, äußert sich am stärksten in jener Sprunghaftigkeit der auswärtigen Politik. Der Weltkrieg hat alles durcheinandergewirbelt — Trillionen Atome fliegen immer noch. (Wann werden sie sich setzen?)

Der genannte vierte Punkt ist etwas komisch: dieser fortwährende verblüffend schnelle Wechsel in den Beziehungen der Völker (nein: der Regierungen). Dies flinke Neugruppieren. Dieser Umschwung von heut auf morgen, rasch und sinnlos. Diese Politik der Unbeständigkeit, der Launen, der Überraschungen, des Stegreifs. Dies Handeln ohne Norm, in voller Willkür.

Geistiger Präsident so einer Gegenwart ist der Schwedenkanzler Oxenstierna, der vor ein paar Jahrhunderten den allzu berühmten Satz an seinen Sohn schrieb: »Nescis, mi fili, quantilla sapientia mundus regatur« ... »Du weißt nicht, Junge, mit wie wenig Verstand die Welt regiert wird«. Wir wissen es.

VI. Ja, der Anblick ist spaßig. Todhaß zweier Länder wird im Handumdrehn abgelöst durch dicke Freundschaft. (Oder: durch die aufdringlichen Allüren dicker Freundschaft). Eine Bevölkerung scheint kommandiert: vom soundsovielten des Monats wird nicht mehr gehaßt. Siehe Deutschland-Polen.

Noch gestern hat es zwischen zwei Ländern gröbste Beleidigungen gehagelt, schwerste Beschimpfungen geschneit — aber plötzlich ... (als wäre nichts geschehn)!

Man denkt an die Pokerer im Wiener Kaffeehaus, wo der eine soeben gebrüllt hat: »Sie sind ein Gauner, ein Schuft, ein Betrüger, ein Lump!« ... und der andre kurz darauf sagt: »Unterhalten wir uns hier, oder spielen wir weiter?« Sie spielen weiter.

VII. Die Gegenwart ist reich an Nichtangriffspakten — darin liegt etwas Erfreuliches.

Nur ein fataler Umstand mindert die Freude: von Ländern, die soeben einen Nichtangriffspakt schlossen, wird

militärische Spionage des einen gegen das andre festgestellt ... Ein Idyll. (Zwei Ritter schwören, im Turnier einander nicht zu verletzen; doch erkundigt sich der eine, wo die Rüstung des andren ein Loch hat.)
Spionage beim Nichtangriffspakt? Im Grund liegt kaum eine Täuschung vor: weil der eine Partner dem andren sowieso nicht glaubt ... Die Italiener haben das Sprichwort: »L'esperienza genera sospetto«, »Erfahrung macht mißtrauisch«. Das Mißtrauen gegen den Nichtangriffspartner beruht auf solcher Erfahrung ...

VIII. L'esperienza genera sospetto —? Sogar dies harmlose Sprichwort wird heut politisch außer Kurs gesetzt. Der einfach logische Mensch denkt: »Wenn jemand ein As im Brechen von Verträgen ist, wird man mit ihm welche machen? Gewiß nicht«.
Doch! Heut schließt ein Staatsmann Verträge mit Leuten, von denen er genau weiß, daß sie grundsätzlich Verträge brechen ... Sudermann läßt einen ostpreußischen Gutsbesitzer sagen: »Ich mach' einen wichtigen Unterschied zwischen dem kleinen Ehrenwort und dem großen: das kleine halt' ich manchmal — das große nie!«
Wird ein Getreidekaufmann mit diesem Agrarier einen Lieferungsvertrag auf Ehrenwort schließen? Bestimmt nicht. Der Getreidekaufmann ist freilich kein Politiker — zu seinem Glück. Oxenstierna sprach niemals gegen Getreidehändler.

IX. Unerklärte Periode. Nur erklärbar durch die getarnte, wirre Fortdauer des Kriegs. Durch seelisch nachwirkende Unordnung. Alles ist aus den Fugen — »out of joint«, wie Hamlet rief; weit mehr als dieser Provinzler ahnte.

Die Menschheit gleicht im Frieden ... einem entwöhnten Trinker; wenn er jedoch einmal wieder schweren Alkohol geschluckt hat (im Kriege): dann hört er so bald nicht wieder auf — er ist noch lange blau. So versteht man einen großen Teil der heutigen Politik.
Und von solchen Tatsachen hängen Schicksale der Völker ab.

X. Wär' Oxenstierna, Kreugers ehrlicherer Landsmann, heut am Leben: er schriebe den berühmten Satz nicht nur an sein Kind. Er ließe durch das Megaphon ihn von allen Sendestellen in die Welt schreien.
Dieser aufrichtige Warner würde der Menschheit einbläuen, daß der Krieg nicht aufhört, wenn er ... aufhört.
Er fügte den Wunsch vielleicht hinzu: doppelt scharf, doppelt schonungslos gegen Solche zu handeln, die geborene Friedensstörer sind. Nieder damit! Ecrlinf!

XI. Es wird Zeit, etwas für Oxenstiernas Andenken zu tun. Was man fordern kann, ist nicht die Kanonisation (das wäre blasphemisch); aber ein Denkmal.
Bleibt noch die Frage, wo es stehn soll.
In Genf?

Das doppelte Gesicht der Gegenwart
Predigt an eine welkende Welt

I. Habt keine Furcht, daß ich Euch mit gelehrter Mythologie langweile. (Ich selbst lese zitternd nicht weiter, wo zuviel Antike vorkommt.) Ich möchte nur feststellen, daß es einen antiken Gott gab, der Janus hieß.
Er hatte zwei Gesichter — in dem Rom vor Mussolini. (Mussolini selbst hat zwei Gesichter: eins für den Wochentag ... und eins für Emil Ludwig.)
Die zwei Gesichter des Janus — was bedeuten sie? In der Schule haben wir gelernt: er war ein Symbol für den Krieg. Ich vermute: weil der Krieg oft am Anfang ein ganz andres Gesicht hat als am Ende. Die Welt weiß es! ... Kurz gesagt: Janus war der Gott des Übergangs von einem Seelenzustand zum andren.
Die Gegenwart haust in so einem Übergang — darum hat sie ein doppeltes Gesicht, und Janus ist ihr Gott.

II. Jetzt beginnt die Strafpredigt.
Die zwei Gesichter der Gegenwart sind grauenhaft verschieden. Das eine Gesicht: edel klug, hochfliegend. Von gestufter menschlicher Schönheit. Das andre: barbarisch, niedrig, grausam, verlogen, dumm. Nein: dummschlau.
Auf der einen Seite: Wissen, Altruismus, Hoheit. Auf der andren: tierische Beschränkung, subalterne List — aber von einer gewissen physiologischen Massigkeit.
Dies zweite Antlitz gehört einem bösartigen, lebensgefährlichen Wirrkopf ... und zeigt alle Merkmale des Atavismus. Durch ihn leiden wir heut.

III. Ein schaurig kennzeichnendes Merkmal für das moralische Doppelgesicht der Gegenwart scheint mir ... etwas, was sehr human aussieht: der Sanitäter im Krieg. Das ist der Gipfel.
Auf der einen Seite: Begriff der höchstzivilisierten Wohltätigkeit. Auf der andren: Begriff der höchstgesteigerten Grausamkeit. Man will Wunden heilen, — die man dennoch mit Bewußtsein schlägt. Der Sanitäter ist: die fleischgewordene Beschwichtigung des schlechten Gewissens. Wieder seht ihr ein Schwanken zwischen hoher technischer Klugheit ... und letzter Zurückgebliebenheit.
Es ist, als wenn ein ganzes Dorf grundsätzlich fremde Scheunen und Häuser anzündet, — aber zugleich eine neuzeitlichste Musterfeuerwehr hält ... Wozu?! Ihr brauchtet keine modern-kostspielige Feuerwehr — wenn ihr nicht ganz infame Brandstifter wärt.

IV. Wirtschaftliche Gegensätze sind verbunden mit ethischen Gegensätzen. Ich spreche vom Hunger der Massen. Ich habe das einmal (oder für allemal) so ausgedrückt:
»Ihr konntet Flugzeuge erfinden, Ätherkutschen; ihr konntet das Radio schaffen, den Ätherspruch; ihr schnellt in die Stratosphäre; ihr zeugt künstliche Vitamine; eröffnet Raketenbahnen; ihr baut Häuser mit neunzig Stockwerken; ihr haltet die Stimme des Menschen fest in der gefurchten Platte; ihr verewigt auf der Leinwand sein Gesicht, seine Bewegungen; ihr photographiert den Nordpol; ihr kramt an den Endstationen der Erdachse; ihr fliegt nächstens in acht Stunden von Europa nach New York; ihr durchleuchtet am lebenden Menschen sein Skelett; ihr zaubert ihm Bilder auf lächerliche Entfernung vor: — und ihr seid nicht fähig, hungernde Menschen satt zu machen.«

Jeder weiß es … trotzdem wird nichts geändert. Auf der einen Seite, Menschen, ist alles da, was zur Sättigung nötig wäre — doch auf der andren läßt es die Dummheit der Gegenwart lieber zugrundegehn, verfaulen, als es an den notwendigsten Zweck zu wenden.
Wir leben in der klügsten und in der dümmsten Zeit aller Zeiten.

V. Die Zeit erzeugt wirtschaftliche Gegensätze wie Nordamerika und Sowjetrußland. Zwei Pole: das höchstkapitalistische Land — und das grundsätzlich antikapitalistische Land. Schlecht geht es beiden.
Aber die Wirtschaftszerrüttung geschah in Amerika unfreiwillig. In Sowjetrußland wurde dieser Zustand ein bißchen als Experiment herbeigeführt. Die amerikanische, überhaupt die kapitalistische Wirtschaft, ist auf der Leiter hinabgerutscht — gegen ihren Willen. Aber die russische Wirtschaft ist die Leiter hinabgestiegen. Sie wollte dahin …
Ja?
Doch in allerletzter Zeit (das kompliziert den Fall) ist Rußland auch nicht mehr hinabgestiegen, sondern gerutscht … etwas tiefer als es gewollt hat.
Und sein Gegenstück Nordamerika? Ich schrieb vor zehn Jahren (in dem Buch »New York und London«) folgendes:
»Moskau bedeutet, ein zum Experiment, gepfropftes Reis am sozialen Baum. Das Reis kann dorren, faulen, fallen — der Baum wächst. Und wäre es nicht undenkbar, daß eine Menschheitsgruppe von Amerikas Kraft eines Tages diesen Baum zu jener Höhe züchtet, woran die übrigen sich stets umsonst versucht … Ja, wenn das scheinbar unsoziale, höchstkapitalistische Yankeevolk (zur Abwechslung) anfängt, nicht kapitalistisch und höchstsozial

zu sein: — dann wird es tun, was die andren bloß gewollt; dann wird es können, was die andren bloß geträumt; dann wird es können, was die andren bloß ersehnt... Bis dahin ist gute Weile ... Wir schreiben jetzt 1922.«

VI. Nein, wir schreiben heute schon 1933! (Nachtrag: sogar 1934). Auch in Nordamerika hat sich einiges geändert: es hat zwanzig Millionen Arbeitslose. Morgan steht vor dem Strafrichter. Das ist ein Anfang ... Man könnte fast glauben: Nordamerika wirft sich eines Tages auf die Bolschewisierung. Dann wird es »the greatest bolshevism of the world« sein.
Morgan steht vor dem Strafrichter.

VII. Ein andrer Gegensatz: bekanntlich hängt von dem Verhältnis zwischen Deutschland und Frankreich die Genesung der Welt ab. Die Intellektuellen beider Länder taten früher was sie konnten. Und garnichts ist erreicht. Nach dem Weltkrieg sind in Paris deutsche Stücke gespielt worden; es gab deutsche Musik. Deutsche Romanbücher wurden übersetzt (viel zu viele: solche darunter, die nicht mal ein Deutscher schlucken kann; — selbst diese dicken Wälzer haben die Beziehungen nicht verschlechtert.)
Soweit die Intellektuellen. Aber die Politik? ... Sie wird nicht gegen die Intellektuellen gemacht. Nur ohne die Intellektuellen. (Vielleicht ohne den Intellekt.)
Man erblickt die zwei Gesichter: ein menschlicheres, wissendes ... und ein stures, physiologisch massiges.
Wir Künstler haben das menschlichere.

VIII. Es gibt sogar drei Gesichter an einem Kopf: in Deutschland ... Bis zum Weltkrieg waren die Deutschen fast unpolitisch. Dann wurden sie plötzlich überpolitisch: sie hatten dreiunddreißig Parteien! (Die echte Gründlichkeit war immer bei den Deutschen. Die andren Völker sind oberflächlich.)
Und heut? Aus dreiunddreißig Parteien hätten vier werden können. Sie werden jedoch durch Hitler eine. Also keine.
Wünscht ihr weitere Gegensätze, die unverständlich sind? Die deutschen Vertreter des Kommunismus und der Sozialdemokratie hieß man Internationalisten. In Wirklichkeit waren es gute Deutsche: denn sie spalteten sich.
(So kam Hitler zur Macht.)

XI. Die Angst vor dem Internationalismus ist einer von den tollsten Widersprüchen der Gegenwart: — weil ja die Gegenwart längst im Internationalismus bis an die Augen steckt. Der Internationalismus besteht unangefochten: in Post, Bahn, Telephon, Telegraph, Radio, Patent und (nicht zuletzt) Scheck ... Auch in der Nachahmung fremder politischer Systeme, — scheint mir. Doch just die Nachahmer dieser fremden poltischen Systeme bekämpfen am wütendsten den Internationalismus! Komik ohnegleichen.
Die Hussiten (und andre) schlugen einander tot, weil die einen sagten, das Abendmahl müsse so genommen werden, die andren, es müsse sooo genommen werden. Das war ein Wahn. Und heut ist es ein Wahn, jemand zu ächten, weil er ehrlich feststellt, daß die Völker der Erde bereits international miteinander verbunden sind.

X. Verbunden auch durch die Pleite. Internationales Glück, daß die Krisis in allen Ländern rast. Es beweist ja, daß ein Glied der Erde nicht geschädigt werden kann, ohne daß alle Glieder leiden. Daß eine Gemeinschaft somit besteht — die über Europa hinausreicht.
Der von den Nazis angebetete Nietzsche sprach noch von »guten Europäern«. Dieser Gott des Neu-Germanentums, furchtbar stolz auf seine polnische Abkunft, müsse statt von »guten Europäern« heut von »guten Planetariern« sprechen. (Nicht Planet-Arieren!)

XI. Rings Widersprüche. Rings Gegensätze. Für ihre Begleichung scheint mir am wichtigsten der Vorschlag eines Nordamerikaners — der in Amerika heut wenig bekannt ist. Er war vor Jahren Botschafter in Berlin, hieß Hill und lebt in meinem Gedächtnis wie ein Heiliger fort.
Obschon gewerbsmäßiger Diplomat im Rückfall, hat er den für die Zukunft obersten, ernstesten Gewissenssatz geprägt, verfochten, stabilisiert: die Moral der Staaten müsse genau so anständig werden wie die Moral der Einzelmenschen. (Er hätte sagen sollen: »Wie die Moral der Einzelmenschen ... manchmal ist.«)
Wackrer Hill! Hier liegt in Wahrheit das letzte Wanderziel der Weltentwicklung. Letzte Pflicht: die Beseitigung des Doppelgesichts durch private Anständigkeit.

XII. Ich werde das nicht mehr sehn. Ihr werdet es auch nicht sehn. Aber wir müssen gemeinsam darauf hinarbeitern.

(Aus einem Vortrag, auf Einladung der American Church in Berlin, Dezember 1932).

Der Zustand in Deutschlands Theater
Unpolitische Rede

Gehalten auf dem Kongreß der Société Universelle du Théâtre in Zürich

I. Der neue Zustand im Theater Deutschlands hängt zwar mit der neuen Politik zusammen: aber ich soll auf diesem Kongreß durchaus nicht Politik reden! ... Schön. Nicht Urteile: nur Tatsachen.
Ich habe vor vier Jahren in Barcelona, noch vor einem Jahr in Rom, Berlin die stärkste Theaterstadt »selbst in Zeiten der Krisis und des Übergangs« genannt.
Dies Theater ist heut ein Schutthaufen unterhalb des Hakenkreuzes. Der Dramatiker Ferdinand Raimund hatte für derlei das Wort »ein Aschen, ein Aschen!«

II. Öffnet eine Zeitung, die vor einem Jahr erschien; lest nur die Theateranzeigen; lest hernach ein heutiges Blatt: so steht ihr den jämmerlichen Unterschied.
Vor einem Jahr herrschte (mitten im Abstieg) Blüte, Reichtum, Mannigfalt. Heut: eine Dürftigkeit; ein Zerrbild; ein Nichts.
»Ein Aschen!«
Durch den frechen Phrasenschleim von »Aufrichtung« des Theaters (mit der Behauptng, daß etwas »aufgerichtet« wird, wenn es zugrundegerichtet ist) wird zwar der Ekel, nicht jedoch das Theater gefördert.
(Ist das etwa politisch gesprochen?)

III. Welche geistigen Mittel verwendet man, das Theater aufzurichten? Das ist bekannt, meine Zuhörer. Ich muß es nur, wie für ein Archiv, auf einem Kongreß feststellen. In die Welt rufen!

Die Auswahl der Mimen wie der Leiter hängt ab von der Gestalt ihrer Nase. (Um nur von der Nase zu sprechen). Es ist Amtsbeschluß ... nicht etwa, daß kein jüdischer Schauspieler auftreten darf: sondern der nichtjüdische Schauspieler, der eine jüdische Frau oder Mutter hat. (Mit groben Ausnahmen — id est: mit Inkonsequenz und Unredlichkeit).

Ich spreche hier, auf einem Kongreß, zum Ausland; zu Menschen aus vielen Reichen der bewohnten Erde; ich erfinde das alles nicht; sondern amtliche Zirkulare beweisen es, die jeder am deutschen Staatstheater Beschäftigte hat unterschreiben müssen.

Ich fälle kein Urteil, meine Zuhörer, — das wäre Politik.

IV. Jetzt ein Jean-Paulsches Extrablättchen historischer Art. Die große Blüte des Theaters in Deutschland stammt in den letzten fünf Jahrzehnten von L'Arronge, Brahm, Reinhardt (und Andren).

L'Arronge hieß Aron. (Einige behaupten, diminutiv, Aron'che).

Otto Brahm (der tiefste Reformator der deutschen Bühne seit hundert Jahren, der ernsteste, strengste, sprödeste, kurz: der deutscheste) hieß hundertprozentig Abrahamsohn, Max Reinhardt führt von Hause her den goldigen Namen Goldmann.

Zuhörer! hätte jemand die tierischen Maßnahmen in Sachen Abstammung vorher verfügt: die letzte deutsche Weltbühne des Theaters fiele weg.

(... Ich muß, gegen meine Überzeugung, solche Dinge berühren, die ja subaltern, brodemhaltig, kleinbürgerwiderlich sind. Diskussionsfähig — natürlich nicht für unsereins).

Ein Kongreß ist ein Archiv! (Ich spreche unpolitisch).

V. Bleibt (nach den Schauspielern und Leitern) der Zustand einer »neuen« Dramatik.

Ehrlich gesagt: Fehler, die man hier begeht, beging man schon zuvor. Nur jetzt mit andren Schildern. Die Schuld liegt am linkgsgerichteten Zeitstück.

Ich habe gewettert gegen diese Landplage: das fade politische Massenfabrikat; das flache linke Tendenzwerk. Diese Mißgeburten haben das Drama geschädigt. (Und der Politik etwa genützt? das Ergebnis kennt man!)

Heut rächt sichs, daß damals (von links her) die Kunst auf eine kitschpolitische Ebene geschubst worden ist. Jetzige Dramatiker tun ein Gleiches — mit andrer Lehre. Die Stücke sind in beiden Fällen erbärmlich.

(Nur gab es damals, daneben, einen Wunderwald an starkem Theater. Heut ... nichts; nichts; nichts.)

VI. Andres Merkmal der »neuen« Dramatik. Sie ist, in Deutschland kontrolliert — unter zwei Gesichtspunkten. 1. Gebot, 2. Verbot.

Gebot: wie die Stücke sein sollen. Verbot: wie sie nicht sein dürfen ... Daraus muß ja eine Blüte wachsen. (Das Wort »tiefstehend« trägt hoffentlich, meine Andächtigen, keinen politischen Charakter.)

VII. Die Stücke sollen sein: 1. heroisch. 2. rein. 3. deutschempfunden.

»Heroisch«. Wesentliche Seiten des Leben sind aber unheroisch. (Sogar sehr herrliche dieses kurzen Daseins).

»Rein«. Hoffentlich ist ein Gran anständiger Gesinnung gemeint. Hoffentlich Abwehr von verlogener Brutalität. Hoffentlich Abscheu vor schmierigen Brandstiftern — die Unschuldige dafür martern, was?

Aber die deutsche Frau raucht nicht.

»Deutschempfunden«. Als Gebot … Hebbel sagt (bei andrem Anlaß): »Das kann man tun, erleiden kann mans nicht«.
(Der Gesamtfall ist bloß für die subalternen Urheber ein Gesprächsthema).

VIII. So das Gebot. Nun das Verbot. Sachlich, meine Zuhörer, kann ich da nicht urteilen, da ich selbst verboten bin.
Auffallend immerhin, daß nicht nur bestimmte Dramen untersagt sind, sondern ganze Schriftsteller. Wie zur Zeit des Jungen Deutschlands oder Heinrich Heines: als auch die künftigen Werke vorausgeächtet wurden. Es war damals eine, im Verhältnis, unschmierige Grauenszeit.
(Das ist politisch gesprochen? … Wieso? Da ist eine historische Parallele!)

IX. Die Kritik wird über die zugelassenen Dramen sachlich urteilen. Sie kennt bis jetzt nur wenige. Von einem steht heut schon fest, daß es nicht verboten, sondern an deutschen Bühnen aufgeführt wird: »Der Wanderer«. Sein Verfasser heißt: Joseph Goebbels.
Dies Werkchen wurde seit 1927 nirgends angenommen.
Also, Dramatiker, wenn ihr Stücke liegen habt, die auf keinen Fall gespielt werden: die besten Aussichten gibt noch die Diktatur.

X. Seid rein.
Seid deutschempfunden.

Juni 1933.

Zweiter Teil
Die vergebliche Warnung

Vergebliche Warnung

Fast drei Jahre vor Deutschlands Überrumpelung erschien dieser Mahnruf. Er hat alles vorausgesehn ... und nichts genützt. (Erschienen in der »Welt am Abend«, Januar 1931).
Er fragt, indem er die Nazis kennzeichnet, zweierlei: »Was haben wir von ihnen zu erwarten?« — »Was haben sie von uns zu erwarten?«
Unter Hinweis auf diesen Feldzugsplan setzte mich Goebbels im »Angriff« auf die Proskriptionsliste.

I. *Was haben wir von ihnen zu erwarten?*
Die Balkanisierung Deutschlands;
Das Zurückschrauben der erworbenen Geistigkeit durch Feldwebel und stellungslose Mystiker;
Die Durchlöcherung der Ethik:
a) durch grundsätzliches Brechen des gegebenen Worts (Kriegslist gegen Landsgenossen, d.h. Sprachgenossen);
b) durch Heuchelei im Programm;
sie bekämpfen den Internationalismus ... äffen aber das Ausland; sie bekämpfen den Kapitalismus ... sind aber von Kapitalisten bezahlt;
sie sind »Patrioten« ... riskieren aber Deutschlands Untergang (Bürgerkrieg; Außenangriff).

II. *Was haben sie von uns zu erwarten?*
Widerstand (geistigen und nicht mehr geistigen); von wem? und durch welche Mittel?

A. — *Widerstand von wem?*
Mit vorläufiger Beiseitelassung aller Unterschiede, von

sämtlichen Linksparteien, vorneweg von den Arbeitern, *ohne weltanschauliche Auseinandersetzung innerhalb dieser Parteien (*sie wäre 1. Zeitverlust. 2. Gefährdung einheitlichen Handelns).
Vielmehr soll dieser Zusammenschluß nur ein Zweckbund für den einen Fall sein ... Was später kommt, sind spätere Sorgen. Die nächste heißt: Nullung der Augenblicksgefahr. (Dann wird sie bloß eine Augenblicksgefahr gewesen sein.)

B. — *Widerstand durch welche Mittel?*
1. Die geistigen Mittel sind erschöpft; (macht euch nichts vor). Sie hätten auch keinen Sinn gegen eine Partei, die sich auf körperliche Gewalt stellt. Die körperlichen Störungen durch den ungeistigen Widerpart häufen sich.
Es kann zwar nicht schaden, wenn der Zweckbund sich die Vortragsorganisation der Gegenseite zu eigen macht (sie haben einen höchst reichhaltigen Vortrags-Spielplan mit systemvoll verteilten Rednern in bestimmten kurzen Zwischenräumen).
Das Mitmachen dieser Art Organisation kann nicht schaden: es wird aber im geringsten nicht entscheidend sein.
2. Ein zweites, noch halb geistiges Mittel ist: schärfster Druck auf die Geldgeber. (Wenn viele davon Geld aus Angst vor den Quacksalbern spenden: so sollen sie es künftig aus Angst vor uns verweigern.)
3. Das letzte Mittel ist nicht mehr geistig. Ich bin gewissermaßen »Pazifist solang es geht«. (Obgleich ich mit dieser Losung in einem Teil des vierjährigen Schwindelkriegs wallungsmäßig Irrtümer beging, die ich nicht wiederholen würde.) »Pazifismus solang es geht«? Es geht hier nicht länger.
Gebt euch keiner Täuschung hin. Vor Tatsachen die Augen zu schließen, wäre nicht kulturvoll, sondern dumm. Der gesamte Linksflügel Deutschlands hat für den von

rechts gewollten Kampf zwar genug Soldaten, aber die Gegenpartei hat überdies die Offiziere. Somit nicht nur die Massen, sondern die Lenker. Das ist der Punkt.
Das erste, was ich vor achtzehn Jahren im »Pan« für künftige Umschichtungen anriet, war »einen General zu mieten«. Das ist heut in weiterem Sinn zu verstehn: möglichst rasch Ausbildung von Offizieren der linken Seite — die nicht einen Bürgerkrieg beginnen, aber da sein sollen, wenn er beginnt.
Alles andre ist Schall und Rauch ... wie die Dinge jetzt liegen.
Nach dem atavistischen Rücksturz der Erdbewohner im Weltkrieg einen lokalen noch tieferen zu erleben; vor dem zweiten derartigen Fall keinen Widerstand zu wagen; ihn körperlich nicht früh genug vorzubereiten: der sanfteste Geistesmensch verlangt es hoffentlich nicht.

Januar 1931.

Zwecklose Prophetie

Volle dreizehn Jahre, bevor der Nazi-Tiefstand staatlich wurde — dreizehn Jahre zuvor erschien diese Voraussage: 1920, am 22. September.

I. In welcher Welt leben wir? Das Gefühl sagt: kurz nach einer Umkramung — die man irrend Revolution hieß. Die, statt alle Kräfte von links geschmeidigrasch und geistesgegenwärtig zusammenzufassen, eine Lähmung bewirkte durch tausend Spaltungen und Sektierereien. Durch sozialen Diskussionsquark auf Konzilen.
Die Umkramer nehmen einem die Lust, an die Wandlung von Jugendträumen in die Wirklichkeitswelt zu glauben — mit ihrem haarspaltenden Gesabber ... während der Augenblick versäumt wird.
Während irgendeine trübe, todfeindliche Gegenorganisation ihre von schwerindustriellen Steuerschwindlern bezahlte Falle schon gestellt hat.

II. Wollt ihr euch nicht raffen? Eine mangelhafte Revolution scheint (so schrieb Lassalle) »in ihrem Schwärmen für das Was? — die reelle Seite des Wie?, der Verwirklichung, zu übersehen«.
Ihr Sekten — ihr werdet euer Programm grundsatzgetreu erfüllen ... und weiter noch verhandeln um Athanasiertum oder Arianertum, wenn der Daumen des körperlichen Siegers euch die Pupillen eindrückt.
Ihr werdet noch fortlallen, wenn die alte Dummheit wieder zur vollen Macht kam. Ihr werdet euch zerkratzen und zerschwatzen, wenn der fördernde Gedanke wieder eingesargt ist — auf künftige siebzig Jahre.

III. Ich weiß, daß eure Gesinnung anständig ist. Aber ist es, allerletzten Endes, Anständigkeit ... oder Mangel an Entschluß? Ist es Gesinnung ... oder Unfrische? Ist es Weisheit ... oder die Bewegungsunlust geistiger Menschen?

Gleichviel.

Man denkt an das Wort, womit nach Achtundvierzig Bismarcks alter Freund Gerlach sein Tagebuch schließt: »Ob ich die Reaktion noch erleben werde?« Merkwürdiger Klang.

Die Reaktion? Ihr seid mittendrin.

1920, »Berliner Tageblatt«.

Politisch talentlos

Vorlesung in der Stadthalle
(1925, 1. Februar)

I. Der erste, bescheidne Versuch einer deutschen Republik scheint noch nicht ganz mißlungen — doch er droht zu mißlingen. Diese Republik unterließ es: die Gegenpartei den Herrn spüren zu lassen.
Das erbärmlichste Justizunrecht konnte darum hochkommen: weil in der deutschen Republik auch der feigste stets gemerkt hat: sie läßt mit sich spielen.
(Es ist eine Republik, deren Nase groß sein muß, weil soviele darauf tanzen).

II. Die paar Schieber in den eignen Reihen der Republik sind ein winziger Umstand gegen die schweren moralischen Dauerverbrechen, die Jusitzverbrechen, die seit langer Zeit von ihr geduldet werden.
Die entlarvten schmierigen Schieber bleiben eine lächerliche Bagatelle gegen diese grundsätzliche Unjustiz, Mißjustiz, Antijustiz.

III. Wir stellen das alles hier fest. Doch mit der Feststellung des Unrechts ist es noch nicht genullt. Mit der Anklage wider das Unrecht ist es noch nicht beseitigt.
Alle solche Versammlunen haben keinen Zweck:
wenn ihr nicht die Macht besitzt.
Ihr könnt sie aber nur besitzen, wenn heut (im letzten Augenblick) eine Umgruppierung der Parteien erfolgt.
Der ganze Unrechtszustand war nur möglich bei dem politisch talentlosesten aller Völker — das nicht einmal die Kraft hat, eine einzige, starke Linie zu bilden.

Ein Volk, das sich, statt dessen, lieber die Macht von Todfeinden aus der Hand winden läßt!

IV. Ihr werdet die Macht nur haben, wenn ihr die große einige Linke schafft.
Wer diese Umgruppierung heut zuwege bringt — das ist der Messias, den die Zeit und Deutschland braucht.
Morgen ist es zu spät.
Also los! *1925*

Seid intelligent
Rede gehalten im Radio Berlin

I. In diesem Augenblick ist die Klammheit und Verlegenheit der ganzen bewohnten Erde, wie ihr wißt, noch nicht behoben ... Seltsam: in einer Zeit kühnster technischer Entwicklung herrscht zugleich rings auf dem Erdball tiefste Ratlosigkeit.
Ein Außenseiter, der von einem andren Stern käme, würde staunend zu der Erdmenschheit, der notverfallenen, angsterfüllten, darbenden sagen, (der Wortlaut ist in diesem Buch schon einmal angeführt):
»Ihr konntet Flugzeuge erfinden, Ätherkutschen; ihr konntet das Radio erfinden, den Ätherspruch; ihr schnellt in die Stratosphäre; ihr zeugt künstlicher Vitamine; ihr errechnet Sternbahnen, eröffnet Raketenbahnen; ihr baut Häuser mit neunzig Stockwerken; ihr haltet die Stimme des Menschen fest in der gefurchten Platte; ihr verewigt sein Gesicht, seine Bewegung auf der Leinwand; ihr photographiert den Nordpol; ihr kramt an den Endstationen der Erdachse rum; ihr fliegt nächstens in acht Stunden von Europa nach New York; ihr durchleuchtet am lebenden Menschen sein Skelett; ihr zaubert ihm Bilder auf lächerliche Entfernung vor — —:
und ihr seid nicht fähig, hungernde Menschen sich satt essen zu lassen.«

II. Sich satt essen zu lassen ... von dem, was da ist — und was ihnen bloß durch Zankerei und Dummheit und Habgier und blöde Grenzen vorenthalten wird.
Sophokles schrieb die bekannten falschen Verse:
Vieles Gewaltige lebt — doch nichts
Ist gewaltiger als der Mensch.

Heut' müßte man das Wort umwandeln:
Kühngeschaffenes lebt — doch nichts
Ist so ratlos, wie der es schuf.

III. August Strindberg (zuletzt leider ein mystisch umnebelter Aujust Strindberg) hat spät, in einem hellen Augenblick, doch erkenntnisvoll die ewig sonderbare Tatsache, die tragisch-groteske Tatsache gezeigt: es gibt Menschen, die spazieren laufen, um Hunger zu kriegen; und andre haben, haben, haben Hunger — die können ihn nicht stillen.
Ist Feststellung solcher Torheit, solcher Ungerechtigkeit ein Anfang zur Beseitigung? Feststellung bedeutet nicht Hilfe. (Aber das Aussprechen dessen, was ist, wird Voraussetzung zur Hilfe).

IV. Nur: es kommt heute darauf an, die Hilfeversuche nicht zu durchkreuzen — durch Zersplitterung und Rauferei im Augenblick der Gefahr.
Wenn es bloß Zwiespältigkeit in Deutschland gäbe: das wäre ein Paradies. Es ist aber nicht Zwie- sondern Vielspältig. Das wird im Zeitpunkt allgemeinen Bedrohtseins ... nicht ein Wahnsinn. Sondern bloß ein furchtbarer Rechenfehler.
Ich behaupte heut: »Auch die nichts zu verlieren haben ... die haben etwas zu verlieren; wenn das Tohuwabohu eintritt.«

V. Ja, auch für solche, die grundlegend ändern wollen — ob Kommunisten oder Sozialisten genannt — empfiehlt sich heut nicht nur das Leidenschaftliche; sondern das Rechnerische. Man erwartet nicht allgemeine

Verbrüderung und gegenseitiges Abküssen. Doch eine Spur von Relativitätseinsicht. Eine gewisse Klugheitstaktik in Zweckmäßigkeitsfragen.

VI. Der heutige Zustand ist unhaltbar, der morgige unaufhaltbar. (Der heutige Zustand ist unhaltbar, der morgige unaufhaltbar.) Es geht im Augenblick um etwas Besonderes: um Fortbestand oder Gewesensein ... Mindeste Pflicht, wenn die Welt auf der Wippe schwankt: ein bißchen einheitliches Handeln. Ja oder nein? Nur zeitweilig. Hernach kanns wieder losgehn.
Zweckpause! Klugheitsrast!

VII. In diesen Reden wurde schon einmal das Gleichnis gebraucht von der Mannschaft eines gefährdeten Schiffs. Das ganze Gedicht lautet so:

In einem Schiff auf Meereshöhe
Sah man das Nahen einer Böe,
Jedweder rief mit Vollgewicht:
»Jetzt machen wir die Luken dicht!«
Doch jeder grollte, schmalte, schmollte,
Auf welche Art man's machen sollte.
Der Sturm kam angefahren —
Sie lagen sich in den Haaren.
Sehr wüteten die Wellen —
Mehr keiften die Gesellen.
Die Luken blieben offen;
Der Dampfer ist ersoffen.

Wollt ihr, daß er ersauft?

VIII. Die Hoffnung aller soll nicht dahin sein. Selbst in der elendesten Neidzerklüftung des deutschen Mittelalters ist niemals die Gefahr für ein Land so groß gewesen wie heut. Deshalb heut: Klugheitsrast. Klugheitstaktik. Wäre das unerreichbar?
Ein einziges Mal, in der Krisis aller Krisen, den Wirrwarr nicht vergrößern!
Ist das so viel?

IX. Man verlangt also nicht: »Seid einig, einig, einig!« Aber: »Seid intelligent, intelligent, intelligent!«

5. Februar 1932.

Ihr verzettelt die Kraft

(Radio Berlin)

I. Zwischen den Schlachten: da stehn wir. Was tut not? Nur Entschlossenheit?
Überdies Entschlossenheit zur Sammlung ... was unter Umständen schwerer ist.
Mit dem Grundsatz: nicht die Partei ins Auge zu fassen, sondern die Lage.
Mit dem Hauptziel: Nullung der Gewaltschmarotzer. (Nullung der Gewaltschmarotzer).
Dann: Kampf gegen Wirtschaftsnot.

II. Diese ward nicht von der Bosheit einer bestimmten Regierung erfunden. Vielmehr schreitet sie bekanntlich durch alle Länder unsres geweckten und schlagfertigen Planeten.
Sie wankt (als Kriegsfolge) dahin wie ein weißlich-scheußlicher Nachtmahr — der, selber blutlos, doch in seinen Zellen zusammengesetzt scheint aus gesogenem Blut der Erdmenschheit.
Wirtschaftsnot ... Der Trick für uns wäre: sie, statt einander zu bekämpfen.

III. Alle wollen die Besserung? Das ist eine Sache wie ein Baum. Bloß über die Mittel raufen sie.
Woher soll, bei dem Gerauf, die Sprungfähigkeit kommen für den Sachkampf, den Hauptkampf. Wenn ihr die Kräfte verzettelt!
Was? ... Ideale preisgeben?

Es gilt nicht Preisgabe von Idealen: sondern von Nutzlosigkeiten. Sondern von kostspieligen Fensterstellungen. Sondern Preisgabe des Vergeudens. Die mögliche Lösung hieße: »Vereinfacht den Endkampf!«
Folglich heißt das bei uns: »Verwickelt ihn!«

1932

Erstes Zwischenspiel:
Rasttag
(Radio Berlin)

I. Über einen Punkt werden wir uns alle einig sein. Über eine Tatsache.
In diesem Lande der Zerklüftungen, der Spaltungen, der gegenseitigen Bereitschaft, einander aufzufressen; in dieser etwas ... abwechslungsreichen Zeit; in dieser Gegenwart, da alles auseinanderstrebt; in dieser scheußlichen, aber keimvollen Epoche; die man hinter sich haben möchte — und die man doch mit aller Hoffnungskraft erleben will; in diesem brühheißen Wurstkessel, worin die Meinungswürste kochen, die Standpunktwürste, die Willenswürste; kurz; in dieser ungeheuren Disharmonie ...
In alledem wird doch keine einzige der vertretenen Weltanschauungen bestreiten (und darin liegt die erste bis jetzt erreichte Gemeinsamkeit) —, keine wird bestreiten: daß noch wenige Tage vor Ostern der Grunewald im Schnee lag.
Endlich ist ein Generalnenner gefunden: dieser Schnee... der im Frühling über alle fiel, in den Wurstkessel hinein.

II. Man denkt zwischendurch folgendes:
Die Kämpfe ... etwa der »Hussiten«, vor ein paar Jahrhunderten, die drehten sich — um was? Diese Anhänger des Universitätsprofessors Johann Hus in Prag wollten, daß beim Abendmahl das Brot und zugleich der Wein gereicht würden; die Gegner wollten nur das Brot erlauben, nicht den Wein — und deshalb, deshalb, deshalb schlugen sie einander zu Zehntausenden tot; deshalb brannten sie alles nieder; deshalb verheerten sie ganze Länder; zum Beispiel das heutige Sachsen.

Der Österreicher sagt: »Steht es dafür?« — lohnt es? Ich frage mich manchmal: lassen sich Auseinandersetzungen in der Menschheit nicht auf billigere Weise machen?
Diese Frage, »läßt sich's nicht billiger machen?« muß in den Kämpfen der Gegenwart öfter gestellt werden ...
Es handelt sich heute nicht darum, ob Brot und Wein bei irgendeinem Lebensakt gereicht werden soll — sondern es handelt sich zunächst um Brot, Brot, Brot ... zum Essen! (So gewiß der Mensch, seelisch, nicht vom Brot allein lebt).

III. Mancher sagt sich, als ein Sohn unsrer Zeit, dem es wehtut, wenn die Mitlebenden leiden; dem es auch wehtut, wenn Menschen unter ihrer eignen Dummheit leiden; aber zugleich als ein Sohn unsrer Zeit, der dennoch diese Kämpfe mitmachen will; der die Änderung, die Besserung mit herbeiführen will — — als solcher sagt man sich oft: wir sind zwar keine Hussiten heut', sondern Menschen der gepeitschten Gegenwart, aber wenn unsere Ur-, Ur-, Urenkel nach abermals ein paar Jahrhunderten auf uns zurücksehen, dann werden wir für sie Hussiten sein.

IV. Und so leidenschaftlich das Unter-Ich in jedem von uns Partei nimmt (der Wille ist ja stärker als die kritische Vernunft; das blieb der tierische Rest in uns) — so leidenschaftlich wie tief in diesen Schlachten, diesen Strebungen drinstehn bis an den Hals... so seh' ich doch in lichten Momenten Politisches und Soziales unpathetisch an.
In dem Bewußtsein: es ist ja doch nur eine Frage der Verteilung von Erdgütern, letzten Endes vielleicht eine Transportfrage; somit, neben unsrer (ziemlich ungeistigen) Kampfleidenschaft, etwas immerhin Geistiges; eine Hirn-

aufgabe; eine Sache des Rechnens — nicht nur des gegenseitigen Totschlagens.
Nicht nur eine Sache der Kraft, sondern der Urteilskraft.

V. Und einmal im Jahr sollte man mitten im Getümmel forschen: »Stop! Um was geht es im Grunde? Geht es nicht zum Teil wirklich um Hussitenfragen?« Jenseits vom Agitatorischen.
Das soll nicht ein sentimentaler Friedenstag sein: sondern ein Rasttag; sondern ein Denktag; sondern ein Nachdenktag. Um einmal im Jahr die Dinge, geistig, von vorn anzufangen.

VI. Ich weiß: das Agitatorische, die Werbung um die Masse dauert fort. Handfeste Politik.
...und es wäre dennoch, dennoch nicht völlig vertan; nicht völlig eitel. Es würde bestimmt an einem Punkt, sei er noch so winzig, einmal irgendwann fühlbar. Ja, wie keine Kraft in der Welt verlorengeht, nach dem physikalischen Gesetz: so würde noch dieses Atömchen an ethischer Kraft nicht ganz ohne Spur untergehn.

VII. Denn was ist das letzte Ziel? Bei der Aufgabe des irdischen Verteilens und Ordnens (also was man sozial oder politisch nennt)? Das Ziel der Zukunft ist: daß die ungeheuren Energien, die heut' auf innere Kämpfe verwendet werden, dereinst lieber auf die Dinge selbst verwendet werden, um die man kämpft. Ecco.
Kommen wird es: daß die Erdbewohner, um die Früchte eines Baums zu erlangen, sich nicht an seinem Fuß todmüde machen — in dem Streit, wer hinaufklettern soll.

10. April 1931

Zweites Zwischenspiel: Mecklenburg
(Radio Berlin)

I. ...Halb und halb fällt es in die Geschichte der Zeit, wenn der Einzelne schildert, wie er den Wirtschaftskrach des Landes erlebt hat.
Der Mensch kann beispielshalber in Mecklenburg sitzen, an der See — so ging es mir. Da äußert morgens ein befreundeter Insasse des herrlich einsamen Hauses, ein vorzüglicher Jurist (mit Vornamen Wenzel, mehr sag' ich nicht): »Die Danatbank hat ihre Schalter geschlossen«. Die Antwort ist seltsamerweise: »Das kann nicht wahr sein«. Warum nicht? Es ist wahr. In wenig Tagen wird noch manches, das nicht wahr sein kann, wahr.

II. In diesem alleinstehenden Hause saß eine nicht große Zahl von Menschen; plötzlich wie abgeschnitten von der Welt. (Doch mit Radio und Zeitungen). Fern von Berlin: wie der kleine Gestaltenhauf, den Boccaccio im Decameron schildert. Die saßen, als in Florenz die Pest ausgebrochen war, abseits in einem alleinstehenden Haus, auf dem Lande. Von dort, abseits, erlebten sie das Elend der Leiber — wir, abseits, in dem Landhaus, das Elend der Banknoten.
Am Abend sammelten sich die paar Menschen beim Radio, zu den Tagesnachrichten. Alles: vom Strand, von der Halle, vom Mondschein, vom Ping-Pong-Zimmer — und ich erfuhr da zum ersten Mal die Wirkungsmöglichkeiten des Radios, in Großaufnahme. Der einsamste Ort war, in einer Krisenzeit (gleichviel, was gemeldet wurde) mit den Mittelpunkten des Geschehens verknüpft. Andre hunderttausend Orte zugleich. Diese Erfindung grenzt an Zauberei. Vielmehr: Zauberei grenzt an diese Erfindung.

III. Der einsamste Ort — das ist er, und der schönste, an dieser See. Der Wirt, ein liebenswerter Mann, ist weniger für Einsamkeit als für Parzellierung. Die Sommergäste nannten deshalb den Ort Parzellona.
Sie kennen sich seit Jahren untereinander, es sind fast immer dieselben. (Berufsmäßig Intellektuelle erfreulichermaßen kaum. Also nicht Ekels, welche den Geist öffentlich im Umherziehn ausüben.)
Mittags und abends ertönt der Gong (ich sage dann jedesmal: »Der Gong mit dem Eisenhammer«). Kinder, die fünf Wochen alt waren, als sie zum ersten Mal dort auf dem Altan im Körbchen windumweht schliefen, sind heut, beim xten Mal, Schulmädel — und flitzen, fliegen über die Dünenberge... die fast so hoch sind, wie die an der Nordsee.

IV. Dieser stille Ort ist seltsam jetzt für unsereins verknüpft mit der Erinnerung an Deutschlands Finanzbruch.
Dort fühlte man den Schlag; dort erfuhr man schaudernd... was nicht für möglich galt.

V. In dem Kampf zwischen Unfallneurose und frischem Idyll muß aber doch das Idyll siegen. Unsre Lebensdauer ist kurz; man hat keine Zeit, nur betrübt zu sein. Die Geldwirtschaft dieses Planeten wird schon in Ordnung kommen. Was aber unwiederbringlich ist; das mit jedem Tag entfliehende Leben; das Leben, das ja nicht zweimal gelebt werden kann; das Glück des Atmens, das Glück des Fühlens, auch das Glück des Schmerzempfindens — das steht über der verdammten Geldwirtschaft. Es ist das Wichtigste. Haltet euch das gegenwärtig.

VI. Ich hab es vor zwei Jahren auszudrücken versucht, im Zusammenhang mit diesem Ort.

So traumbekannt und kindvertraut
Grüßt alle ringsumehr
Mit Himbeerwald und Heidekraut
In Mecklenburg am Meer.

Ein Haus. (Kein andres weit und breit).
Von Schimmern überhuscht.
Das Moorland in Verlassenheit
Umwuchert und umbuscht.

Ein Dorf — das fern am Seedeich ruht;
Der streckt sich schmuck und schmal;
Das lütte Kap langt in die Flut;
Der Weg geht »up un dal«.
(Was dorten döst in Duft und Schein,
Das wird wohl Wustrow sein).

Am Morgen hat es frisch getaut,
Die Welt ist sommerschwer –
Mit Himbeerwald und Heidekraut
In Mecklenburg am Meer.

VII. Jawohl: das, das, das ist das Wichtigste. Das... ist...das...Wichtigste — (mit manchem, was drum und dran hängt).

VIII. Nur die Kampflust darf nicht leiden durch ein solches Bewußtsein. Anstandspflicht, bei der kurzen Gastrolle hienieden, bleibt es: zu helfen, daß der Zustand besser wird. Man nennt es Entwicklung.

So hat jeder, gewissermaßen, zwei Existenzformen. Eine: mit sich. Eine: mit der Gesamtheit. Und es fragt sich, wo die Grenze zu ziehn ist.

IX. Wurde sie nicht angedeutet?

August 1931

Drittes Zwischenspiel:
Ilse
(Radio Berlin)

I. Rat an ein junges Mädchen, zweiundzwanzigjährig, mir bis dahin unbekannt, namens Ilse. Ein Brief gab den Anlaß.
...Seien Sie, unbekannte Ilse, in dem hundertjährigen Krieg, an dessen Beginn wir stehn, ein gefestigter Mensch. Aber auch ein heiterer Mensch.
Denken Sie zwar an die Allgemeinheit... aber denken Sie auch an sich.
Helfen Sie der Entwicklung (mit Frauenverstand — der vor allem tut not).
Setzen Sie, Ilse, fünf muntere Knaben in die Welt... die ebenfalls helfen sollen: daß dieser Dampfer, der »Heute« heißt, aus dem infamen Strudel rauskommt.
Arbeiten Sie nicht nur: sondern verbreiten Sie (wenn Sie es können, ich weiß ja nicht) Wohlgefallen... durch Schönheit.

II. Hilfe durch Schönheit ist ebenso hoch einzuschätzen wie Arbeit. (Vielleicht höher, weil sie seltner vorkommt.) Fraglos ist das ein frivoler Standpunkt; ein verworfener Standpunkt: aber wer ihn hat, muß ihn anständigerweise bekennen.
Ich bin verworfen, indem ich ihn habe.

III. Schönheit, Ilse, bleibt die halbe Rettung. (Die ganze, gegen den Tod, gibt es ja doch nicht.)

IV. Wenn Sie aber die sämtlichen hundert Jahre nicht abwarten können: so machen Sie zwischendurch manchmal eine Rast... und sprechen (von den fünf Knaben umringt):

»Ich komm', ich weiß nicht woher; ich geh', ich weiß nicht wohin — was macht's, daß ich so fröhlich bin?«

Ilse! *Mai 1931*

Schwarmgeister
(Radio Berlin)

I. Ja, wir leben in einer Zwischenzeit. In einer Pausenzeit. In einer vorübergehenden Rückfallzeit. In einer Zeit der Schwarmgeisterei. (Mehr Schwarm als Geist).

II. Nur so ist es zu erklären, daß die Zeit auch Schriften mit dem fanatischen Gegenteil aller Schwarmgeisterei gebiert. Schriften von einer extrem-wurstigen Sachlichkeit...die nach der andren Seite hin Aufreizendes haben. (Solche Gegensätze blühen in jeder Weltkrisis.)

III. Erinnert euch an die förmliche Verschüttung Deutschlands in der Reformation unter Broschüren und schlechten Zeitstücken; dann in dem schweren Abschnitt zwischen Luther und dem Dreißigjährigen Krieg. Heut ist es entsprechend schlimmer.
Jetzt geht es nicht nur um Deutschland; jetzt gilt es eine Auseinandersetzung auf dieser gesamten, abgestumpften Erdkugel.
Bei uns erscheinen Schriften (noch vor Beginn der Drucklegung zum Untergang bestimmt) mit wolkigen, neurasthenischen, zeternden Titeln.
Jeder dritte Mensch ist ein Arzt an den Zeitläufen — der helfen, heilen, raten, retten will.

IV. Dieser sittliche Drang hat oft Ergreifendes. (Man liest allerdings Titel wie: »Die geeinigte Menschheit«, broschiert 2.— Mk.).
Die Ratschläge wachsen oft jenseits von den politischen

Parteien. Das ist kein Fehler.
Hie und da mit inserierten Spezialmethoden gegen Rheuma, Gicht, Ischias; und mit Anweisung zum Hellsehen.
Oder hinten: »Verlag: Menschheitspartei, eingetragner Verein«.
Darüber ist nicht zu spotten. Das bleibt wertvoller als Geschieße, Brandstiftung, Mißhandlungen.

V. Auch im Dramengebiet wimmeln Anpreisungen, die schlechthin apokalyptisch sind. Da gibt es die wahre »Wiedergeburt der Tragödie«. Endgültige Lösung und Erlösung. Nie dagewesen. Der Schlüssel zur Gegenwart und Zukunft ist hier das mindeste.

VI. Auf der andren Seite jenes Widerspiel. Das Gegenbuch; das herausfordernd vorgeht; das gewissermaßen erbittert-nüchtern scheint. (Es ist aber schwerlich nüchtern: sondern vielleicht ein bißchen zivilumstürzend auf neue Art). Der Verfasser heißt in einem Fall Max Ottopal. Ein Angestellter.
Dies Buch verschlang ich — in allem Wust unsrer Läufte, mitten in dem dreißigjährigen... ach, dem hundertjährigen Krieg. Ich fraß es; weil das immerhin ein Gruß ist von der ratio; dem Verstand.

VII. Hier stößt jemand bis ans Ende vor. Politik? Nein, das Buch heißt »Antipolitik«.
Ich habe (wie oft schon!) mündlich, druckschriftlich gefordert: man soll Politisches und Soziales nicht pathetisch nehmen, sondern es einfach ansehn als Frage der Verteilung; als Frage des Ordnens; letztens als eine Transportfrage.

Das ist nun ein Mensch, der dasselbe (gesteigert) verkündet. Ganz rechnerisch.
Er geht so weit, für die künftige Staatsform... was wohl zu empfehlen? Die Aktiengesellschaft.
Dieses Buch... Ich will nicht von seinem Inhalt, ich kann von seiner Wirkung auf mich sprechen. Die war stark.

VIII. Demokratie, Bolschewismus, Nationalsozialismus — alles (glaubt er) überwindet einstens der Staat als Aktiengesellschaft.
(Von mir aus, bitte!)
Ottopal zeigt, wie Lenin auf einen — freilich andren — Kapitalismus bewußt zuging. (Lenin schrieb: »Die Zeit der Programme ist vorbei... jetzt gilt es die Arbeit des Kapitalisten zu leisten und womöglich zu übertreffen«).
In verwandt-entfernter Art kapitalistisch denkt nun dieser vorurteilsfreie, beschlagene Apostel der rechnerischen Staatsgestaltung.
Das ist bestimmt wertvoller als Geschieße, Brandstiftung, Mißhandlungen.

IX. Ein Hauptpunkt bleibt nur die Frage: wie Ottopals europäische A.-G., nein: Welt-A.-G. (denn er verwirft auch Pan-Europa) im einzelnen Gestalt finden soll.
Der Rechenträumer ist ernst zu nehmen; nur gibt er keine Beispiele. (Macht nicht immer das Beispiel erst die Probe?)
Ottopal erinnert mich darum zwischendurch an Industriehäupter, die »Hinweise« geben, ohne den Hinweis, wie sie auszuführen sind.
Doch jeder Vorschlag, der eine Sache vom andren Ende packt, ist heut prüfenswert.

X. So ein... revolutionär-trocknes Buch, »Antipolitik«, soll alle vermutlich erbittern. Das mag es. Manche vermutlich beeinflussen. Das kann es. Einigen etwas geben. Das tut es.

XI. Hier sprach —
einer aus der Menge.

1931.

Die Wirrnis in Bologna
(Radio Berlin)

I. Die Wirrnis ist überall... In Bologna hat ein unnennbares Ekel gewagt, einen der größten Kapellmeister aller Zeiten, Toscanini, ins Gesicht zu schlagen... mit seiner kaffrigen Pfote.
Einen halbblinden Mann — der die Partituren zu Haus mit der Lupe mühsam entziffert; sie derart sich einprägt; hernach auswendig dirigiert. (Und wie dirigiert!) Der Mann ist ein Weltwunder.
Diesen bald Siebzigjährigen haut ein Kerl in das gnadenvolle Antlitz. Weil das Genie den Gassenhauer der Zwingherrschaft, vor einem Beethovenwerk, nicht spielen will.
Ist eine Welt, die solche Methoden... nicht billigt, sondern duldet — ist diese Welt noch ganz zurechnungsfähig? Oder herrscht ein sozusagen kosmisches Hirnleiden?

II. Man müßte den Namen des Lümmels wissen: ihn zu brandmarken, in allen gesitteten Ländern der bewohnten Erde. Er hat einen hohen Ruhm seines eignen Landes ehrlos verletzt; sich geschändet; ein Volk befleckt.
Herzenswunsch: der Schlag soll ihn treffen, am schönsten Feiertag. Knote, miserabliger. Am schönsten Feiertag, schon ganz früh; so um neun rum.
Noch ist es nicht wo weit, daß man, weil ein Wicht zufällig einer bestimmten Partei zugehört, nicht sagen dürfte: wie sehr dieser Wicht ein verächtlicher Wicht ist.

III. Wirrnis überall.

Mai 1931

Eberts Tod - waterkantische Pfropfen

I. Wir haben ein Kinderfräulein. Es stammt aus einem nördlichen Zwergstädtchen, wo die Einwohner national bis auf die Knochen sind.
Jetzt hat sie ihren Urlaub in der Heimat verbracht. Auf die Frage, was die Menschen dort zu Eberts Tod gesagt haben, antwortet sie (fast flüsternd und betrübt):
»Soviel Pfropfen haben in unsrer Sstadt solange sie besteht, noch nicht geknallt, wie bei der Ssterbenachricht.«
Sie schüttelt ihren blonden Kopf.

II. Nur der Deutsche hat Gemüt.
(Und in diesem Lande zersplittern sich die Republikaner.)

März 1925, »Berliner Tageblatt«.

Weißenberg

I. Dieselbe Zeitungsfrau bringt seit einem Jahrzehnt Morgenblatt und Abendblatt. Am Gartentor sprach ich sie manchmal in diesen Jahren; meist im Sommer. Sie war von gelblich fahler Haut; der Mann lag zu Haus krank.

Eines Tages hatte sie lebhaftere Farben.

»Sie sehn jetzt besser aus.«

»Weil wir bei Weißenberg sind.« Sie sprach es fest und hell.

Ich wußte nicht, wer Weißenberg ist. Sie gab Aufschluß. Es war, wie ich nachträglich erfuhr, ein Heilkünstler. Mit Hokuspokus. Von der frommen Art. Er kam übrigens dann ins Gefängnis. Beten Hauptsache bei der Heilung. Früher war sie klassenkämpferisch.

II. Sonderbarer Augenblick. Diese Zeit, schlechte Zeit für arme Seelen, wird gute Zeit für Windmacher. Weißenberg, abgesehn von ein paar Tötungen, erscheint harmlos. Nur eine geringe Verwirrung örtlichen Umfangs. Kein Merkmal für den Tiefstand eines ganzen Landes. (Bloß die Erklärung dazu.)

November 1930, »Berliner Tageblatt«.

Dritter Teil
Wer hat die schönsten Schäfchen?...

Wer hat...

Wer hat die schönsten Schäfchen?
Und klassische Musik?
Wer schläft das tiefste Schläfchen?
Eine gewisse, eine gewisse, eine gewisse Republik.

Wer sieht ein täglich Morden
Und findet keinen Rat?
Wer duldet Landsknechtshorden
Als rüden Staat im Staat?

Wer quirlt mit mildem Händchen
Im Topf der Politik?
Wem mangelt dies Talentchen?
Einer gewissen, einer gewissen, einer gewissen Republik.

Sie hat ein reines Wollen
Und einen sanften Sinn:
Bevor noch Köpfe rollen,
Streckt sie schon ihren hin.

Wer schläft das tiefste Schläfchen
Trotz Militärmusik?
Wer hat die schönsten Schäfchen?
Eine gewisse, eine gewisse, eine gewisse Republik.

Sie rüsten
(1930)

Sie rüsten zum Putsch in Nebel und Dämmer,
Gepackt der Tornister, die Feldküche dampft;
Wir bleiben friedlich wie die Lämmer.
Und blinzeln wie die Tauben samft.

Wir sehn den Knoten schürzen,
Bald rücken sie vor und greifen an;
Da heißt die Losung: nichts überstürzen;
Immer langsam voran.

Sie haben die Macht noch nicht ergriffen,
So daß man sich schwer entschließen kann;
Uns sind die Kaldaunen noch nicht geschliffen —
Immer langsam voran.

Es fragt sich: wie wir einschreiten sollen.
Es fragt sich, ob —, es fragt sich, wann;
Warten wir, bis die Köpfe rollen.
Immer langsam voran.
Immer langsam voran.

Schlapp
(1930)

Ihr seid vor den Krawallen
Gehorsam umgefallen;
Es ist ein Jammer, wie ihr's treibt:
Mut zeigt der muntre Mameluck,
Doch eure Losung heißt: zaruck —
Solange, bis ihr liegen bleibt.

Wer hat euch glatt bezwungen?
Ein Haufe Rassenjungen.
Ich rufe warnend als Prophet:
Die geben euch eins auf den Ast,
Daß ihr in keinen Sarg mehr paßt,
Wenn das so weitergeht.

Es werden schwere Schwächen
Sich balde bannig rächen;
Der Mob herrscht ungehemmt.
Dann wird das liebe deutsche Land
Im Zeichen eurer Zitterhand
Von Knoten überschwemmt.

Nachgiebigkeit? — Im Zeitenstrom
Bleibt sie ein mulmiges Symptom.
Euch fehlt die Kraft zum Stoß.
Pufft mal die Republike grob
An ihren schlappen Schlummerkopp.
Feste! Los!

Diese Zeit.
(1932).

I.
Du fühlst der Zeit auf ihren Zahn,
Du fühlst: der Zahn hat einen Knacks.
Du trällerst: »Wahn, überall Wahn!«
In B-dur mit Hans Sachs.

Das deutsche Land: ein Kampfgebiet,
Geschossen wird in Ost und West;
Du staunst nicht mehr, daß es geschieht,
Du staunst nicht mehr, daß man es läßt,
Die Kugel killt, das Opfer stöhnt,
Du hast dich tatlos dran gewöhnt…

II.
Das faucht, verbohrt und beutegeil.
Das brüllt (zum Brechen): »Hitler-Heil!«
Das schwört verworren Rache —
»Deutschland, erwache!«

Wahn, Wahn, überall Wahn.
Nach Hirnkraft kräht kein Hahn.

Du fühlst den Sinn der Sache:
»Deutschland, zerkrache!«
Wie höhnend haucht was: »Hitler-Heil!«
Aus einem vollen Hinterteil.

Grammatik-Stunde
(1931)

Du mußt den Unterschied deutlich hören
Zwischen »beschwören« und »beschwören«.
Du siehst den Nazi, der ungestört
Den Massenmord herauf:... beschwört.
Das Wort kam schon bei Hitler vor,
Als er die Legalität... beschwor.
So findet jedes Wort seinen Ort,
Auch wenn ein Doppelsinn entsteht.
Beschworen wird der Massenmord
Und die Legalität.

»Sozialistische Arbeiterpartei«
(1931)

I.
Aus heit'rem Himmel blinkt ein Blitz
Um Rosenfeld und Seydewitz.
Es wallt ein Beben durch die Welt
Um Seydewitz und Rosenfeld.

II.
Genossen, schließet neu die Reihen
Von frischem Sondersinn beseelt —
Wir hatten nicht genug Parteien,
Die eine hat uns noch gefehlt.
Wir spalten uns wie jener Pilz,
Die Sache will's.

III.
Wenn Völker ihr Talent entfalten,
So sammeln sie sich allerwärts.
Spontanen Spürsinn für das Spalten
Besitzt allein das deutsche Herz.
Das deutsche Herz macht dicke Luft,
Dann klafft die Kluft.

Man grollt und gröhlt, man schmollt und schmält:
Die Zeit ist voller Trug und Trutz,
Der Nazi rüstet Revolutz —
Da ist der Zeitpunkt gut gewählt.
(Es hat uns was gefehlt).

IV.
Und steht die halbe Welt in Flammen,
Wir spalten fest und treu zusammen.

Spandau
(1931)

In der besten Republik der Welt
(Ahnst du sie?)
Wird ein Kaiserdenkmal aufgestellt.
Lirum, larum, lütiti.

Weil es einmal früher stand
Und entschwand:
So ergab sich eine Lücke
Bei dem Umbau der Charlottenbrücke.

In der besten Republik der Welt
Mit politischem Genie
Wird ein Kaiserdenkmal aufgestellt.
Lütiti.

Der deutsche Wald
(1927)

O Deutschland, Hort der hehren Eichen,
Du bist mit Recht von Stolz geschwellt,
Bist mit Parteien und Parteichen
Gesegnet wie kein Volk der Welt;
An ihnen freut das Land sich —
Heut sind es dreiundzwanzig.

O Deutschland, Hort der hehren Linden,
Ein Anblick, der die Herzen labt,
Du bist und bleibst (das sehn die Blinden)
Für Politik so reich begabt.
In Deiner Luft, wuchs, unser Stolz,
So manches Hirn... von festem Holz.

O Deutschland, Hort der hehren Tannen!
Du klarster Zustand, den man kennt,
Wie lieblich ist's wenn deine Mannen
Ein heitrer Innenzwiespalt trennt.
Dein frisches Volk, so reich an Zahl,
Ist munter und zentrifugal.

O Deutschland, Hort der hehren Wiesen,
Worauf der Sonnenschimmer tanzt,
Besonders in der Zeit von Krisen
Enthüllst Du prächtig, was Du kannst.
Der Mensch, nach staunender Betrachtung,
Ruft: »Alle Achtung... Allllle Achtung...!«

Die Brunnen
(1926)

I.
Im Brunnen gurgelt mächtiges Naß.
Im Brunnen brodelt fahler Haß.
O deutsche Volksgemeinde —
Ihr hockt verbockt und festgerammt
In Brunnenlöchern insgesamt,
Ihr Brüder... und ihr Feinde.

II.
Die Feme rast. (Ein Putschgebild,
Wo Mannesschneid noch etwas killt.)
Erledigung des Widerparts;
Der Terror: weiß. Die Reichswehr: schwarz.
Dort spenstern dunkle Mythen
Erwachter Troglodyten.

III.
Im Brunnen gurgelt faules Naß.
Aus Brunnenbrodem stinkt der Haß.
Halb Deutschland ist zerklüftet,
Der Brodem müfft und düftet —

Die Brunnen sind vergiftet.

Menschheit
(1931)

I.
Hat die Menschheit kein Gewissen?
Mangelt ihr der sechste Sinn?
Schwer gebissen und beschissen
Wankt sie durch das Dasein hin.
Ungewöhnlich starke Stücke
Bucht der schaudernde Chronist.
Manchmal fragt man: ob es Tücke
Oder Herzensunschuld ist …

II.
Hat der Sirius rappelköpfig
Diesen Erdenball gemacht?
Gegen die Gestirne schöpf' ich
Astrologischen Verdacht.
Man benötigt als Berater
(Wenn das seinen Fortgang nimmt)
Einen kosmischen Psychiater — —
Weil da was nicht stimmt,
Weil da was nicht stimmt…

Wendung
(Nachtrag: Die blecherne Front)
(1932)

I.
Tja, man hatte fast vergessen
Daß die beste Zeit vergeht,
Doch der Nazi unterdessen
Wurde dreist und aufgebläht.
Tja, man hatte keine Eile,
Prüfte zögernd den Befund,
Der Vaschissmus mittlerweile
Wurde fett und kugelrund.
Ehrlich rührt ihr heut' die Hände,
Länger nicht in Schlaf gelullt,
Alles hat einmal ein Ende,
Auch die menschliche Geduld,
Heller wird's am Horizont —
Eiserne Front.

II.
Schwere Glocken, nicht Schalmeien
Hallen heute durchs Geheg,
Und ihr schließt die riesigen Reihen,
Und ihr macht euch auf den Weg,
Und der Weg ist hell besonnt —
Eiserne Front.

III.
Doch sie haben's nicht gekonnt.

Das neue Wappen
(1934)

I.

Reingelegter deutscher Michel,
Schlucke deinen ganzen Jammer:
Sie verleihen dir die Sichel
Und den Hammer
Neben einem Hakenkreuz ...
Was? dich freut's!

II.

In der schmierigen Nazipracht,
Unterkittig, mies und fies,
War schon alles nachgemacht,
Jetzt noch dies!
Hirneunuchen sondergleichen —
Stehlen selbst die Wappenzeichen.

Sie kopieren, was sie treffen,
Klobig, plump, greulich, grob;
Schlimmer als die Affen äffen
Tut es dieser mulmige Mob.
Daß man uns doch nichts erläßt!
Halt mich fest:
Mit der Bolschewikenfahne
Brüsten sich die Paviane!

Hitler 1934
Der Anführer spricht.

I.

Der Nazismus währt tausend Jahre,
Das ist eine völlig sichere Sache —
Und diese Behauptung ist eine so wahre
Wie die meisten, die ich mache.
Ehe der tausendjährige Glanz
Losgeht zieh ich die Bilanz.

II.

Mich hat ein mulmiger Mittelstandsgott
Zum Macher auserlesen —
Ich tätige einen Totalbankrott,
Wie keiner dagewesen.
Ich rede Quatsch; die Spucke voll Speck;
Das Volk hört zu mit Rührung;
Denn nie kam Deutschland so in den Dreck
Wie unter meiner Führung
Ich schwafelte — ich schwor dem Schwarm,
Ihn fürstlich zu belohnen;
Ich wurde reich, sie blieben arm,
(Mir trug es fünf Millionen).
Die deutsche Zwietracht ist zerstreut!
Ich litt die Schweinerei nicht;
(Nie war das Land zerspalten wie heut —
So hab ich sie … geeinigt).

Ich habe Taten wie keiner zuvor
Vollendet und verrichtet,
Ich hab auf den polnischen Korridor
Und auf das Elsaß verzichtet.

Die SS und die SA weiß:
Ich bleibe fest bei der Stange.
Ich gab den Osten und Westen preis
Und Südtirol schon lange.

Die Rasse wird nicht länger verhunzt —
Ich bin der arische Mahner ...
Ich winsle wedelnd um etwas Gunst
Mongolisch-gelber Japaner.
In meinen Rotten, in Reih und Glied,
Zählt man bereits die Vermißten —
Der Nazi ist, am Ende vom Lied,
Ein Hund der Kapitalisten.

Ich habe das heilige Feuer entfacht
Und Walhallworte gepoltert;
Ich habe nichts zustandegebracht,
Nur Menschen viehisch gefoltert.
Noch schiebt mir Göbbels Weihrauchdampf
Durch patentierte Zerstäuber;
Ich zuppe zurück — das ist »mein Kampf«!
Und darum ... Mörder und Räuber!
Und darum Mörder und Räuber ...!

Der Hausknecht
(1934)

Nämlich die teutsche Treue beruht.
Auf Blut und Boden — der Boden voll Blut.
Kadavermasse türmt sich zu Berg,
Der mordende Hausknecht ist schweißig am Werk,
Er fuhrwerkt herum, hemdärmlig-erhitzt,
Von Dreck und roter Suppe bespritzt.
Die Suppe steigt, der Blutstank schwillt
(Ein Bock riecht gut dagegen),
Der losgelassne Bediente killt
Die lästigen Kollegen.
Er stampft in ihre Kammern bei Nacht,
Die Konkurrenz wird umgebracht ...
»Dees hat eich guat getroff'n —
Jetzt kann i wieder schlof'n«

Er tat es »für Deutschland« vor allen Dingen,
Nur für Deutschland, zu Deutschlands Wohl —
Nun kann das Horst-Wessel-Lied erklingen:
Horst Wessel, heiliges Symbol.
(Zwei Seelengrößen grüßen sich:
Der Hausknecht und der Ludewig.)

Das Lied verhallt, in den Kammern ist Ruh —
Der Hausknecht knöpft die Ärmel zu.

In Münster hausten einst Hurer und Säufer,
Gauner und Mörder: die Wiedertäufer.
Sie hielten blutig die Städter in Schach
Und stahlen — stets »für die heilige Sach'«...

Man sah sie schließlich in einem engen
Käfig in Turmeshöh hängen.

Melodien

Rudolf K. Kommer
der beste Freund, den ich im Leben traf,
empfange dieses Buch
zu immerwährendem Dank.

Erster Teil der Musik
Tutti

I.
Fuge: Nazi

Die illegalen Kämpfer in Deutschland

I

Die Welt erfährt kaum, wie sie heißen.
Sie schweben dahin, dunkel und licht.
Man will den Hut vom Kopfe reißen,
Sie tausendmal grüßen — sie sehn es nicht.
Sie schreiten und gleiten; Stürme tosen,
Manchen packt es, er lebt nicht mehr;
Doch lebt der Bund der Namenlosen,
Das unsichtbare Helferheer.
Die Folter droht, die Qual ist bitter —
Der Kampf geht weiter unbeirrt.
Sie sind die Heiligen und die Ritter
Des Menschenreichs, das kommen wird.

II

Uns ist die Heimat tief entehrt,
Längst hat sich mancher abgekehrt.
Wir sind Verbannte, Leid-Erkorene,
Ein Land erstirbt, ein Traum zerstiebt;
Ihr aber seid das Unverlorene,
Was wir an Deutschland einst geliebt.

Wir heben die Hände zum Lichtrevier.
Deutschland — seid Ihr.

Planetendämmerung?

Unsre Erdensiedelung versinkt
(Allzuvieles hat sie schon verschuldet),
Wenn der braune Abhub länger stinkt,
Und die Welt den Duft der Krätze duldet.
Tritt denn nicht ein besserer Abtrittfeger
Auf den Plan zum Wohl des guten Zwecks
Oder auch ein kundiger Kammerjäger
Und bereinigt das Klosettgewächs?

Wenn im Mittelpunkt, mit Müff gemästet,
Aufgeschwemmt von Eiter, Blut und Kot,
Finstre Fäulnis den Ozon verpestet,
Daß der Allerseelentyphus droht —
Steht die Weltgesundheitspolizei,
Lauter muskulöse Polizisten,
Nur mit offnem Mund dabei,
Statt den Aasherd auszumisten?
Naht da nicht ein fixer Abtrittfeger
Eingedenk des wahrhaft guten Zwecks,
Oder auch ein kundiger Kammerjäger
Und bereinigt das Klosettgewächs?

Die wahrhaft Schuldigen

I

Gestank und Schmuß und Hitlergruß
Sind etwas schwer zu Leidendes;
Doch steht die Welt Gefahr bei Fuß
Und tätigt nichts Entscheidendes.
Im welken Erdengarten,
Da starren sie und warten.

II

Ist dieses Leben längst verbraust,
Erheb ich mich als Leiche
Und schüttle meine fahle Faust,
Tappend im Totenreiche,
Und klage vor dem Weltgericht:
»Der Täter war der Schlimmste nicht!
Wer das Schlimmste verschuldet hat,
War der: der alles geduldet hat!«

Hitlers Kunst-Ukas

I

Was in der Kunst erlaubt ist,
Und was ihr Ziel überhaupt ist,
Bestimmt ein provinzialer
Ansichtskartenmaler.

Wer nicht bei diesem Leisten bleibt,
Wer etwa grüne Schatten schmiert
Und Farbenphantasie betreibt,
Wird sterilisiert.

II

Kommt einst die Hitlerei auf den Hund,
Und geht der braune Schund zugrund,
Und wir sind dann die Siegerschaar —
Wir machen keinen unfruchtbar.

Nicht sterilisieren mit Gewalt!
Darüber sind wir uns schlüssig.
(Bei mancher einflußreichen Gestalt
Wär' es auch überflüssig).

Die »Bremen« in New York

Sie stoben an Deck und stürmten umher
Und warfen den Hakenkreuzlappen ins Meer.
Darf man das rühmen? Um keinen Preis!
Der Mensch muß Takt besitzen — ich weiß.

Doch eine so frohe Erfrischung der Nerven...
Ist sie unbedingt zu verwerfen?
War's nicht ein kleiner Vorgeschmack,
Fast eine symbolische Gebärde
Gegen das tiefste, pofelste Pack
Der Erde?

Nur, sagen darf man's um keinen Preis,
(Der Mensch muß Takt besitzen — ich weiß!)

Die Verbannungsinsel

I

Es liegt eine Insel im Weltenmeer,
Guano-Insel geheißen,
Sie stinkt mephitisch kreuz und quer,
Weil dort die Vögel scheißen.
Vögel, auch nicht gesunde,
Die sich vom Fischfraß nähren;
Sie rotten sich rings aus der Runde,
Um dort den Leib zu entleeren.
Sodaß der stärkste Mann der Welt
Bei diesem Stank in Ohnmacht fällt.
Das sprengt die Schleimhaut des Magens —
Doch die Vögel ertragen's.

II

Sankt Helena war anders. Sie barg
Den Korsen. (Sein verfrühter Sarg).
Ein kahler Felsen, gelblich-rötlich.
Doch ohne Stank. (Anständig und tödlich).

III

Falls künftig in der Weltgeschicht'
Ein blutiger Hausknecht mit Strizzi-Gesicht
Den Korsen äfft — dann sollt ihr den Affen,
Wenn es einmal mit ihm zu End' ist,
Auf die Guano-Insel schaffen,
Wo er in seinem Element ist.
Es duftet dort schlimmer, dort ist er zuhaus;
Die Vögel riechen's — jetzt rücken sie aus.

»Mit der Ehre bezahlen«

Sie haben das Ehrenwort ehrlos gebrochen,
Immer das Blaue vom Himmel versprochen,
Haben geprunkt, geprachert, geprahlt —
Jetzt (sagen sie) wird mit der Ehre bezahlt ...
Da fragen sich viele erstaunte Seelen:
Woher sie nehmen — ohne zu stehlen.
Die wird von keiner Bank besorgt,
Die wird von keinem Schacht erborgt.
Und ob ihr bettelt, und ob ihr flennt,
Und bietet hundert und tausend Prozent,
Und ob ihr in Bausch und Bogen zuletzt
Das letzte Hemd vom Hintern versetzt —
Ihr Folterhalunken und Fäulnisträger,
Ihr Knüppelknechte und Judenjäger,
Ihr könnt doch, öffentlich oder verschwiegen,
Nie auf Pump eine Ehre kriegen —
Weil sich's die ganze Welt erzählt:
Die Deckung fchlt! Die Deckung fehlt!

Das braune Lamm

I

Gestern noch ein böses Böckchen,
Heut ein Lämmchen mit dem Glöckchen;
In beseligtem Erguß
Schnalzt es nach dem Bruderkuß.

Höchste Sanftmut herrscht hinieden,
Und die Plauze platzt vor Frieden:
Lämmchen hißt mit hehrer Pfote
Fromme Friedensangebote.

II

Aus der Stirn guckt, sonderbar,
Ein Hyänen-Augenpaar.

Le Nazi pacifique

I

»Du mißtraust mir ganz enorm«
(Sprach der Hahn zum Regenworm).

»Komm in meine traute Nähe«
(Sprach zum Häseken die Krähe).

»Tanzen wir den Freundschaftstanz«
(Äußerte der Fuchs zur Gans).

II

»Pas de méfiance, allo!«
(Dit le coq à l'asticot).

»Viens, petit, je t'aime bien«
(Dit la corneille au lapin).

»Chérissons-nous, à coeur joie!«
(Souffla le renard à l'oie).

Die Wahl im Saarland

Achtung! Alle Mann an Deck!
Rettet das Land vor Drangsal und Dreck.
Gebt der Hitlerei den Tritt —
Nieder damit!

Deutschland starrt von hungrigen Horden.
Doch die Bonzen sind reich geworden.
Wenn der Gangster zum Saarland zieht,
Gellt euch das Ohr vom Zuhälterlied.
Schutz vor Folter und viehischer Qual!
Stimmt sie nieder! Zum letzten Mal!

Achtung! Alle Mann an Deck!
Rettet das Land vor Drangsal und Dreck!
Gebt der Hitlerei den Tritt —
Nieder damit!
Nieder damit!
Nieder damit!

An Frankreich nach den Saar-Wahlen

I

Sie stimmte für Hitler, die große Masse,
Und wieder war's ein falsches Spiel:
Ils ont voté sous la menace,
La peur a été le mobile.
»Abstimmung frei« — jetzt seht ihr wohl,
Comment ils tiennent leur parole.

Seid nach diesem »Plebiszit«
Des Zauderns noch nicht müde?
L'Europe attend — et elle hésite
Selon son habitude ...
Seid auf der Hut! bald ist's zu spät!
Un feu roulant, qui donc l'arrête?

Abrüstung? Märchen aus der Fibel!
Abrüstung nach der Nazi-Mode:
Car le contrôle est impossible
Grâce au truquage et à la fraude.

Jetzt ist Europa, wirr und trüb,
Bedroht wie eh' und je;
Un pacte? Qui sera la dupe!
Un pacte est... du papier.

II

»Abstimmung frei« — ihr saht es wohl,
Comment ils tiennent leur parole...
Bald zeigt man euch die Raubtierzähne —
Demain: l'Alsace et la Lorraine!

Achtung, Europa!

Dollfuß unter ihren Schüssen
Hat dereinst dran glauben müssen ...
Auch den Barthou und den Serben
Traf ein ähnliches Geschick,
Und mußten beide sterben
Im erwünschten Augenblick.
Wenn man dies ins Auge faßt:
Achtung! Vorsicht! Aufgepaßt!

Trotz dem frechsten Friedensschwindel
Giert der Gauner nach Gewalt;
Dieses Meuchelmordgesindel
Hält sich fromm im Hinterhalt.
Wenn man dies ins Auge faßt:
Achtung! Vorsicht! Aufgepaßt!

Der Zufall

I

Der Zufall spielt eine schlechthin tolle
Weltgeschichtliche Rolle.
Wer in die Hintergründe schielt,
Der merkt, wie stark der Zufall spielt.

II

Es war vor den Wahlen im Hitlerland,
Da ist der Reichstag abgebrannt.
Dem Hitler kam der Brand zu paß,
Und van der Lubbe biß ins Gras.
Der Zufall spielte schlechthin kraß.

Nach Österreich haschte Hitlers Hand,
Der Dollfuß wagte Widerstand.
Der Zufall spielte doppelt wild:
Der Bundeskanzler ward gekillt;
Wer tot ist, kann sich nicht mehr regen —
Graf, dieser Dollfuß starb euch sehr gelegen.

III

Wieder trieb der Zufall sein Spiel,
Das war im Lande Rumänien.
Der Duca galt als francophil,
Da killte man denjenigen.

Wer tat's? Du weißt nicht wie noch was;
Dem Hitler kam sein Tod zu paß
Teils dieserhalb, teils dessentwegen —
Graf, dieser Duca starb euch sehr gelegen.

Der nächste war der brave
Gekrönte Jugoslave.
Der galt nicht als germanophil,
So wenig wie sein Freund Barthou;
Man killte zwei mit Stumpf und Stiel,
Das war ein doppeltes Atout.
Der Zufall spielt auf dunklen Wegen —
Zwei starben, Graf, euch sehr gelegen.

IV

Der Zufall spielt eine wirklich tolle
Geschichtliche Rolle;
Er springt von Ort zu Ort umher —
Es starb so mancher Mortimer …

Nur, was man von Röhm und Heines gelesen,
Das war kein völliger Zufall gewesen.
Die anderen aber, die tot sind und stumm,
Die brachte halt der Zufall um.

Pallas

I

Vom Olymp herab auf unsre Szene
Guckt mit Lächeln Pallas die Athene.

Halb mit Heiterkeit und halb mit Trauer,
Seelenerkenntnis im erfahrenen Sinn,
Blickt sie auf das Eulentier im Bauer
(Göttlich fetter Mist liegt hoch darin),
Und sie spricht mit kluger, dünner Lippe:
»Dir, mein Käuzlein, schau ich gerne zu,
Dennoch — in der sonnigen Menschensippe
Gibt es größre Käuze noch als du.
Diese Menschheit! Kurz sind ihre Tage,
Während sie dem Tod entgegenschürft,
Und sie wechselt dauernd ihre Lage
Wie ein Kranker, der sich fiebernd wirft.

II

Einst im Anfang hatte sie Tyrannen;
Unerträglich schienen ihr die meisten;
Schließlich konnte sie die Bestien bannen,
Um sich eine Republik zu leisten.
Diese Republik verkrachte munter,
Und dann ging's nicht drüber, sondern drunter.

Schauerlich begab sich allerlei,
Was die Seelenfreiheit niederpuffte —
Übler als die Vorzeit-Tyrannei
Ist die Tyrannei der schoflen Schufte.

Seltsam, wie der Schicksalspendel baumelt
Ob der Menschheit, die im Zickzack taumelt:
Prähistorisches wird aufgeweckt!
Liebes Eulchen, weißt du, mit Respekt,
Wo in dieser Welt der Fortschritt steckt?

III

Keine Antwort ... Aber aus den prallen
Schenkeln unterm grauen Federkleid
Ließ die Eule klatschend etwas fallen —
Und die Göttin wußte gleich Bescheid.

II.
Andante: Deutschland

In meiner Heimat…

I

In meiner Heimat braut die braune Nacht.
Geschlagne edle Schatten seh ich gleiten.
Was haben Diebe aus dem Land gemacht?
Das Land der unbegrenzten Schäbigkeiten.

In meiner Heimat lag ein Jugendland,
Ich schritt auf tausend tief vertrauten Pfaden.
In meiner Heimat ging ich Hand in Hand
Mit blonden deutschen guten Kameraden.

In meiner Heimat hob sich die Gestalt
Der Schlesierkoppe, wo die Nebel wehen.
In meiner Heimat wuchs ein Grunewald
Mit schwarzen Kiefern hart an dunklen Seen.

In meiner Heimat stieg die steile Pracht
Des Wendelsteins im hellen Sommerkleide,
Und meine Seele fliegt in mancher Nacht
Zu Schleswig-Holsteins violetter Heide.

In meiner Heimat lag ein Preußenland,
Ein Grenzgeheg, wo Ost und West sich schieden,
Dort saß ein sicherer Immanuel Kant,
Er schrieb von Menschenpflicht … und ewigem Frieden.

In meiner Heimat trug ich einen Strauß,
Um ihn dem heiligen Ort in Bonn zu weihen;
Beethoven kam zur Welt in jenem Haus.
Der sang, daß alle Menschen Brüder seien.

II

In meiner Heimat braut die braune Nacht.
Geschlagne Menschen siehst du grabwärts gleiten.
Was haben Diebe aus dem Land gemacht?
Das Land der unbegrenzten Schäbigkeiten.

Wenn ich noch einmal...

Wenn ich noch einmal die Jugend umfinge,
Grüne Zeiten in lieblichem Licht,
Wenn ich noch einmal nach Deutschland ginge
(Ich tu's aber nicht) —
Dann tränk' ich in schwärmendem Überschwang
Deutschen Wein einen Sommertag lang.

Ich wählte für dieses Tagewerk
Nicht Assmanshäuser Roten,
Ich tränke »Dürkheimer Feuerberg«,
Heut kneipen ihn knechtische Knoten.
Ich tränk' ihn zu Dürkheim, ich tränk ihn zu Bonn,
Ich trink' ihn nimmer — doch träum' ich davon.

Güldne Germania ...

I

Güldne Germania,
Du, meine Stiefmama,
Hatte dich herzlich lieb —
Bis nichts mehr übrig blieb.

Taumelst, wie nicht gescheit,
Tief in die Nazi-Nacht,
Manche Erbärmlichkeit,
Hast du schon mitgemacht.
(Fühllos für Menschenleid —
Wenn bloß wer »Deutschland!« schreit.)

II

Ist einst der Nazi weg,
Schmorend im eignen Dreck,
Ist einst das Sau-Regiment
Endlich zu End,
Winkt mir die Wiederkehr — —:
Doch wenn ich heimgehn könnt',
Tät' ich's nicht mehr.

Würde vor Schand' in dem Land
Nicht aus den Augen sehn,
Schofles aus Rand und Band
Ist dort geschehn.

III

Güldne Germania,
Grausame Stiefmama!
Weißt, wie ich an dir hing,
Schön war's... solang es ging.
Heut bist du blöd und hohl,
Nährst dich von Blut und Kohl —
Schluß! Leb wohl.

Was ist Heimat?

Was ist Heimat? Kindheit. Wiegensang.
Sprachgewöhnung. Und Erinnerungszwang.

II

Mancher grämt sich lautlos, mancher jammert,
Vor so manchem Auge hängt ein Flor,
Weil das Herz sich an die Heimat klammert,
Die der wahrhaft gute Sohn verlor.
Zwar das alte Trostwort hat er ja,
Noch aus Römerzeiten hergeweht:
»Ubi bene, ibi patria« —
Doch wer sagt, daß es ihm »bene« geht?
Rührend an dem einst Gewesenen hängt er;
Rührend mit der alten Treue denkt er
An die still vom Abendstern bestrahlte
Stätte, wo er Steuern zahlte.

III

Niemand spottet seiner echten Zähren,
Schutzlos, wie er ist, verfemt und fremd,
Doch es gilt, zu helfen — und zu klären,
Weil ein Wehgefühl das Handeln hemmt.
In Italien hing dieselbe These,
Einst als Zeugnis freien Römergeistes:
»Al galantuom' ogni paese
Patria!« (Im Deutschen heißt es:
»Überall sind heimatliche Zonen:
Dort, wo wackre Menschen wohnen«.)

IV

Mancher fragt sich grübelnd, ob das stimmt,
Ob das auch der Kern von dem Problem ist.

Andre sagen schwankend: »Wie man's nimmt, —
Weil Empfinden immer jenachdem ist«.
Mir ist meine Seele nicht verdorrt
Und ich fühle mit dem ärgsten Feind,
Wenn er heut um seine Heimat weint —
Nur: ich selbst bin drüber fort.
Anfangs war es fürchterlich!
Wenn ein Blüthner in Paris erklang,
Im Konzert, und jemand Schubert sang, — —
Ob man ein Gefühl auch nicht verriet,
Jede heldenhafte Haltung wich,
Etwas kullerte vom Augenlid,
Bis man aus dem Saale schlich.
Damals regte sich noch mancherlei,
Was man längst verloren geben muß.
Heut sind weiche Wallungen vorbei.
Schluß.

V

Was ist Heimat? Kindheit. Wiegensang.
Sprachgewöhnung. Und Erinnerungszwang.
Selbst in dieser heimatlosen Welt
Wird dir Lust und Zukunft nicht vergällt.
Also weg mit plundrigem Geplärr,
Denn was kann es schon bezwecken?
Sprachlich bist du doch ein Klassikerr
Einst im Vierten Reich (nach dem Verrecken).

VI

Zur Vermehrung unsrer Seelenkenntnis
Dient auch hier ein offenes Geständnis.
Manchmal fühlt das Herz sich sehr erheitert
(Trotz der zugeschlagnen deutschen Tür):
Weil die Flucht den Horizont erweitert,
Ja, du dankst den Jägern fast dafür.

War dir noch so lausiges Leid geschehn —:
Wenn du (gleichviel, wo du her bist)
Ein Ulysses oder Ahasver bist,
Kriegst du zur Belohnung was zu sehn.
Bei der Dummheit aller Lebensschlachten
Ist ein solches Plus nicht zu verachten.

VII

Und wie auch die Wirtschaftslage sei,
Bist doch von dem blanksten Blödsinn frei:
Von dem plumpen Hakenkreuzsymbol
Für die mißgeführte Masse
Samt dem Kartenlegerkohl
Von der Rasse
Und von Blubo und vom Sippenwerk
Und von Eseln und vom Rosenberg.
Nazis schmücken mit Ideen sich,
Die Gescheitere zuvor erdacht,
Und sie protzen und sie blähen sich,
Wenn sie Echtes klobig nachgemacht.
Noch ein farbenblindes Huhn erkennt's:
Die Gesamtheit dieses öden Quarks
Nährt sich von der Schmutzerkonkurrenz
Gegen Marx.
Denn sie sind auf sämtlichen Gebieten
Gipfelmuster pofler Parasiten.
Also: ward dein Leben auch zum Wrack,
Kannst du sie hier draußen doch vergessen,
Diese Pg.'s, diese braunen Fressen,
Dieses Pack.
Stehst ja frei im Strom des Mittaglichts;
Heißt das nichts?

VIII

Was ist Heimat? Kindheit. Wiegensang.
Krippe, unterm Dach des warmen Stalles.

Sprachgewöhnung. Und Erinnerungszwang.
Vieles, Vieles! ... Doch nicht alles.
Eine Welt, die auf der Kippe steht,
Bringt ganz andre Sorgen aufs Tapet.
Diese Zeit: verblödet und verirrt!
Fragst du da, wenn schon der Abrutsch reift,
Welches Land die Stelle liefern wird,
Wo das Knochenscheusal nach dir greift?
Höchstens können manchmal Künstlerseelen
Ihren Grabplatz vor dem Abkratz wählen.
Mensch, ich mach' den Testamentsvermerk:
»Auf Montmartre! Nie in Schöneberg!«

IX

Mittlerweile, Rauflust im Gemüt,
Ganz von Erdenschüchternheit erlöst,
Tret' ich oben vor den alten Jüd,
Der in seinen Wattewolken döst.
Engel murren. Freundlich blickt er selber;
Das befeuert meinen Mut.
»Sire, es ist fast unvorstellbar,
Was sich heut da unten tut.
Juden sind geübte Emigranten
Einer tausendjährigen Übung treu,
Aber unsren Freunden und Bekannten,
All den christlich-arischen Verbannten
Ist der Zwangsspaziergang ziemlich neu.
Sire, die Erde gleicht heut, wie ich glaube,
Einem Schraubendampfer ohne Schraube.
Lotsen Sie das Schiff in keinen Hafen?
Aus dem tödlich tobenden Taifun?
Denken Sie noch lange hier zu schlafen?
Oder endlich eine Tat zu tun?
So wie Hiob einst, erbittert-bange,
Frag' ich: dauert das noch lange?

Sind wir nicht genügend rumgehetzt?
Weshalb ward der Menschheit das versetzt?!«
Und er spricht: »Sie lerne Bürden tragen!«
Ich erwidre: »Das kann jeder sagen!«
Mittels Klimmzug auf der Himmelsleiter
Red' ich so noch eine Weile weiter,
Bis, von heiligem Engelszorn umbrandet,
Ganz in seiner ungestümen Art,
Gabriel mir einen Haken landet — —
Doch der Gütige sträubt den ewigen Bart:
»Will man, ichbehühte, etwa raufen?«
Ruft er zu dem flinken Flügelknecht;
»Gabri, bittdich, laß den Bocher laufen;
Wahr sein muß man — er *hat Recht!*«

III.
Rondo: Holdes Exil.

Pariser Frühlingslied

I

Wenn der freche Frühling den Winter verdrosch,
Wenn der Sonnenschein auf die Knospen sank,
Sitz' ich in der Avenue Foch
Auf einer Bank.

II

Das Lebensmeer braust hold und weit;
Noch werfen die Wellen mir Gold und Geschmeid.

Noch dank' ich ihnen für manche Perle,
Die sie spät mir spendeten.
Dann denk' ich kaum an die kaffrigen Kerle,
Die meine Heimat schändeten:
An Ausgeburten von Mord und Mist,
Man braucht halt Ferien von ihnen —
Heut sind, was wahrlich wichtiger ist,
Am Ast die Kätzchen erschienen;
Und Krokusblumen leuchten blank,
Der trübe Winterdunst erlosch...
Der Mensch sitzt selig auf einer Bank
In der Avenue Foch.

III

Und er atmet und spürt,
Wie sich's regt und rührt,
Und Grünes juchheit an der jungen Hecke,
Und die Hundchen werden spazieren geführt,
Und jedes trägt eine zärtliche Decke.
Besonders die kleinen Typen,
Die sind zum Piepen.
Ein winziger King-Charles! Sieht aus
Wie eine geschwollene weiße Maus.
Die Herrin wandelt, abgekehrt,
Und er, mit länglichem Gelock,
Hüpft wiegend wie ein Schaukelpferd
Hart hinter ihrem Rock.

IV

Rings frühlingsfrische Heiterkeit;
O Naziland, wie bist du weit.
Hier faucht keine Feme, hier wird nicht gekillt,
Hier sträubt man sich dagegen;
Nur, Manche ist gewiß gewillt
Sich selber umzulegen.
Ein Augenblitz aus lichter Höh'
Sagt lächelnd-unscheinbar: »...Monsieur«.

Und Kinderschreien und Vogelgeschmetter,
Goldblaues Licht, wohin du schaust;
Die Welt ist schön, zum Donnerwetter,
Wenn man in dieser Gegend haust ...

O heilige Heimat der Poeten,
Paris! Scheint auch die Welt verratzt,
Du bleibst die Blüte des Planeten,
Bevor die Bombe platzt.
Streichle mein Herz mit lindem Stahl —
Und noch einmal! Zum letzten Mal.

V

Die Bombe platzt...? Den Erdenkindern
Bleibt nichts erspart; verflucht-verflucht!
Du fragst dich: läßt sich's noch verhindern?
Und hast du alles schon versucht?

Willst du nicht ins Verderben schlendern,
So wirst du nichts durch Reden ändern.
Laß (»edler Dulder«) dich nicht feiern!
Pflege nicht »flammende« Reden zu halten,
Trachte nicht, »tapfre« Sätze zu leiern —
Und in der Sache bleibt alles beim alten.
Prüfe dich neu auf Herz und Nieren,
Mit Worten wird zu oft geprunkt;
Quatschen heißt nicht organisieren —
Das ist der Punkt. Das ist der Punkt.
Wahnsinn wandelt auf dunkler Spur;
Willst du die letzte Schlacht nicht verlieren,
Heißt deine letzte Zuflucht nur:
Organisieren! Organisieren!

VI

Ich hatte geträumt ... und geriet ins Gebiet
Der alten Seelennöte.
(»Politisch Lied, ein garstig Lied«.
Wähnt W. v. Goethe).

Der Frühling pfeift auf Wahn und Haß;
Französische Drosseln hüpften im Gras,
Die Hündlein wedelten mit dem Sterz,
Die Kinderwagen knarrten im Kies,
Die Frauen schwebten ... Nimm mein Herz,
Heilige Heimat der Dichter, Paris.
Befreierin von Qualm und Qual,
Streichle die Welt mit dem lindesten Strahl —
Vielleicht zum allerletzten Mal?

VII

Jetzt horch, durch hohe Lüfte drang
Harpyengekrächz und Engelsgesang.
Der alte Krieg um das Leben des Lichts
Am Frühlingstag, am Tag des Gerichts.
Die treuen Engel sind angetreten
Mit Pauken, Schofar und Drommeten.

Die Rotte der Harpyen stank;
Die zornigen Engel zogen blank —
Ich schlief auf einer Frühlingsbank.

Die Fahrt nach Nîmes

I

Alles freut sich in Frühlingsfrühe:
Weinstöck', Schlüsselblumen und Kühe;
Katzen, die sich die Schnauze wärmen
Hinter Dijon vor alten Fermen.
Alles blüht wie blöd und behext.
Wo der Chablis wächst.
Jätende Winzer; ein bellender Hund;
Triefende Triften schimmerbunt;
Reichtum und Ruhe ringsumrund —
Das ist Burgund.

II

Dann schwinden die Farben, das Rot wird schwächer;
Blaßrosa Ziegel verblichener Dächer.
(Dann schwinden die Farben, das Rot wird schwächer;
Blaßrosa Ziegel verblichener Dächer.)
Der Gaumen beginnt im Geist zu naschen
Vom Mâcon — in den bauchigen Flaschen.

III

Das Felstal hat sich festlich geweitet,
Glitzernd von der Rhone begleitet.
Wovon träumst du? Sieh unterdessen:
Goldgrau Gehöfte — mit schwarzen Zypressen.
(Wenn unterm Grün der Ginster kuscht,
Leuchtet das Flußtal felsig umbuscht).
Seltsame Farben beginnen zu brennen:
Rosa Gestein der stummen Cevennen.
Avignon! Ein Zinnentroß:
König Renés verschollenes Schloß — —
Das schwimmt und verschwebt in den Abend hinein.
(Ölwälder, Rhone, Zypressen und Wein).

IV

Doch der Mensch, der über die Erde reist,
Wenn die Menschheit dämmert, die Kriegsfurcht kreist,

Der wird bei dem trostlosen Irren und Trachten
Wenigstens nicht die Sinne verachten —
Und sehn, was er speist:

Krabbige Krusten der Mittelmeerküste,
Land-Getier und See-Getier;
Rote Langusten, Sardinenbrüste.
Schwarze Oliven. Andouille de Vire.
Leiser Knoblauch in Fülltomaten;
Ländlicher Schinken mit knorpligem Fett;
Haricots verts in Öl gebraten;
Lämmerfüße vinaigrette,
Kalter Kalbskopf ebenso —
Der Wein dazu kommt aus Bordeaux:
(Ein Roter, der was Herbes im Kern hat,
Wie mein Freund Hermann Wendel ihn gern hat).
Und vieles gibt es für wenig Geld.
O Süden. O Wohlstand. O Mittagswelt.
Hier lebt der Mensch. Es ist alles vereint:
Hier haust man fern von dem tierischen Feind;
Die Schwarte knackt, und die Sonne scheint.

V

Ich stand in Nîmes. Eine Frühlingsfront
Steinerner Häuser steil besonnt;
Und über mancher vermorschten Mauer
Ein Ansichtskartenhorizont
(Das Blau noch etwas blauer).

VI

In Gassen wimmelt es bürgerlich-brav,
Doch wandeln die Bürger im Geisterschlaf.

Die Bauten schlummern, sie stieren prall
Und träumen von toten Legenden.
Nur heutiges Grün greift überall
Nach verwunschenen Wänden.
Männlicher Süden. Nichts weich und glatt — —
Äther starrt auf die steinerne Stadt.

VII

Mit Mauern, Verliesen, Höhlen und Schluchten
Sich reglos die Arenen wuchten,
Trotzend, strotzend im Zeitenstrom
Ein vergessenes spätes Gespenst.
Nîmes ist römischer als Rom —
Und von französichem Laub umkränzt.

VIII

Menschen, nach dunklen Schicksalsschlüssen,
Haben hier blutend verröcheln müssen.

Heut röcheln sie wieder; die Zeit vergeht —
Heut wird das Rad zurückgedreht:
Du siehst sie nicht in Arenen sinken,
Du denkst (ein naheliegender Fall)
An Deutschland wo die Hyänen stinken
Im braunen Stall.

Wo die Bestie wieder den Blutzoll heischt
Und wieder im Urhaß Hirne zerfleischt.

IX

Ist es denn wahr, was wir ungläubig sehn?
Irrt das Auge fieberkrank?
Sag, was ist mit der Welt geschehn,
Daß sie feig zur Vorzeit sank.
Hat das irdische Spiel verspielt?

Alles zerran, was sie kämpfend erzielt?
Bloß weil ein Irrer befiehlt?
War es nicht nur ein Traumphänomen?
Sag, was ist mit der Welt geschehn?

X

Wir aber draußen sind Eidgenossen:
Aug' soll um Auge, Zahn um Zahn sein.
Unzertrennlich zusammengeschlossen.
Menschenmögliches muß getan sein.
Nie erlahmen, uns rastlos rühren:
Das Feuer zu schüren.

XI

Durch keine Zwietracht sollt ihr geschwächt sein,
Die Zwietracht grub der Heimat das Grab.
Jedweder Verbündete wird uns recht sein,
Wir helfen, wir hassen, wir lassen nicht ab —
Bis, dereinst, das Weltgericht wettert
Und dem Raubzeug die Rübe zerschmettert.

XII

Und doch! O laß von eklen Gesellen,
Wenn dir das Pack übern Lebensweg lief,
Deine Gegenwart nicht vergällen:
Spuck' mal aus — und atme tief!

XIII

Bei Nîmes erhebt sich ein Hügel am Rand,
Dort sieht man selig nieder
Über versonnenes Sonnenland
Mit Judasbäumen, Mimosen und Flieder;
Tourmagne! was für ein bunter Segen!
(Der Pincio ist ein Hund dagegen).

XIV

Im Innern wird was aufgetaut,
Das dichtet, zum Dank, im gallischen Laut:
Tiens, ce lieu paraît, en somme,
Presque plus romain que Rome.

Nîmes! Nîmes! Nîmes!
Riche de débris
Brutaux et sublimes —
Tendrement fleuris.

O arènes, temples, cryptes
A l'abri des eucalyptes.
Nîmes! Nîmes! Nîmes!
Riche de débris
Brutaux et sublimes —
Tendrement fleuris.

XV

Still stand ich oben im Abendhauch,
Die Weiler haben sacht geruht.
Ist hier das Glück? ... Wo anders auch!
(Doppelt halt gut).
Vielwegig scheint das Seelenreich:
Das Ich haust hier; in der Ferne zugleich...
Denn was ich auch erlebt und getrieben —
Mein Herz war in Paris geblieben.

XVI

Die Erde schwieg, von Flieder schwer.
Fern unten rauschte das Mittelmeer.

Vormittag in Paris (1935)

I

Die Luft ist flau, der Himmel schmollt,
Man sehnt sich förmlich nach Gewittern;
Die Tuilerien harren hold
Im Laubgrün hinter heitren Gittern.

Höchst wendig ist das Wetter jetzt;
Ich fahre durch die Seinestadt
Und lese langsam, still entsetzt
Im Autobus ein Zeitungsblatt.

Wer ist noch Freund, und wer ist Feind?
Das bleibt verdächtig und umstritten.
Wechselnder als das Wetter scheint
Die Politik der braven Briten...
Da staunt man baß, da raunt man baß:
Auf wen ist heut noch ein Verlaß?

II

Lag Englands Grenze nicht am Rhein?
Heut steht der Grenzstein am Kanal!
Die Grenze liegt im Nebelschein
Der angelsächsischen Moral:
Moral ist, was dem »Empire« nützt,
Da gibts kein Aber und kein Wenn —
Die braunen Schubjacks, die man schützt,
Sind ehrenwerte gentlemen.
Der Hoffnungsschein verdämmert blaß;
auf wen bleibt heut noch ein Verlaß?

III

Die Luft ist flau, der Himmel schmollt,
Man sehnt sich förmlich nach Gewittern.
Die Tuilerien harren hold
Im Laubgrün hinter heitren Gittern.

IV. Marcia: Verbannte

Hellmut von Gerlach.

Verächter seiner Väter Sitte
Zog er in eine fremde Welt.
Der beste Mann in unsrer Mitte;
Ein unscheinbar ziviler Held.
Ihm galt das Sein mehr als das Scheinen,
Sein Marsch ging gradhin sonnenwärts.
Das schlichte Glück der Schmucklos-Reinen
Floß durch sein hilfsbereites Herz.

Ich traf ihn jüngst. Noch schien er kräftig.
Es ist nur ein paar Wochen her.
Er ging (mehr sinnend als geschäftig)
Früh durch die Avenue Kléber.
Wir Nachbarn gaben uns die Hände,
Er ahnte schon den dunklen Gast:
Er sprach (erstaunt!) vom nahen Ende,
Doch immer lächelnd und gefaßt.

Und rief: »Ich bin mir heut im klaren;
Es kommt, wie's kommt; was soll man tun?
Will jedenfalls nach Moscia fahren,
Bei Emil Ludwig auszuruhn«.
Dann schritt er seine letzten Schritte.
Da schied... ein Kämpfer; gütevoll.
Der beste Mann aus unsrer Mitte.
Ein neuer Ritter — jeder Zoll.

Egonek Erwin Kisch

Der Erdball tobte blind und blutig.
Die Truppe stand am Uferdamm.
Wer war es, der im Weltkrieg mutig
Als Erster durch die Sawe schwamm?
Seelenvergnügt — und flink wie ein Fisch?
Kisch.

Dann, als die Menschheit, die vergaste,
Sah, daß die Giftflut sich verlief,
Wer war's, der als Reporter raste
Und Menschen ins Gewissen rief?
Wer tat es (unfromm-froh-frei-frisch)?
Kisch.

Wer wandelt auf zwei festen Füßen,
Ob auch ein Bein in Bruch geriet?
Wer pflegt die Spitzel zu begrüßen,
Die er in Vortragssälen sieht?
Wer winkt da mit dem Flederwisch?
Kisch.

Er ist der beste Freund der Freien,
Der Feind der Feigheit und des Trugs.
Der Mann soll wachsen und gedeihen,
Wie er bisher gedieh und wuchs.
Ziehn wir die Karre aus dem Dreck,
Wer half zu unsrem besten Zweck?
Kisch, »Egonek«.

Ernst Busch in Paris

I

Und die métro ging, und der Abend erschien,
Und es flammten die Lichter des Saals,
Und er stand und er sang wie einst in Berlin,
Und es war wie dunnemals.

Und er kündete Streit der Frohn und dem Leid
Des blutigen Jammertals,
Und er stand und er sang das »Lied der Zeit«,
Und es war wie dunnemals.

II

Und er sang von dem Schwarm, den die Gnade flieht,
Von den Opfern, stumm und verstört,
Er sang zuletzt das »Stempellied«
(Das hab ich nicht mehr gehört).

Mit Lachen trotzt er dem braunen Troß,
Entging ihrer lockenden List;
Er heißt Ernst Busch, der kein Genoß
Der staatlichen Kunstkammer ist.

III

Und er stand und sang im dämmrigen Kreis,
Von dunklem Geleucht umloht,
Und sie saßen und lauschten, die Wangen heiß —
Und dachten ans Morgenrot.

Hermann Wendel

I

(*Der Lothringer.*)

Es scheint, lieber Wendel, nur Eines
Beharrlich zu bestehn
In dieser Welt des Scheines:
Das Zasterphänomen.
Mir ist was ziemlich Feines
Auf dem Gebiet geschehn.
Bei einem »pichet« Weines
Müssen wir das begehn.
Samstag, über ein Kleines
Sollst du mich vor Dir sehn.

Alors, buvons, Place Pereire,
Tout comme deux joyeux garçons,
D'abord le vin; après, la bière —
Et bavardons.
Et bavardons.

II

(Der Fünfziger.)

Cinquante fois? bon an, mal an??
Un salut fraternel!
Garde à jamais ton talisman
(Cadeau du Ciel):
C'est ton élan
Spirituel,
Mon cher Herman
Wendel!

Max Herrmann-Neiße

I

In diese Welt der Strahlen und der Stürme
Kamst Du geweht, ein tanzendes Atom.
Dich trug der Traum zur stillen Stadt der Türme:
Dein Neiße nennt der Schlesier »Schlesiens Rom«.
Du aber gingst, ein unbotmäßiges Herrchen.
Dort ganz woanders hin als in die Kerchen.

Du maltest in abscheulichem Vergnügen
Mit weder Reue noch Gewissensbiß
Die Bürgerschaft nebst bürgerlichen Zügen,
So wurdest Du dem Ort ein Ärgernis.
Der hat sich voll Berechtigung abgewandt,
Und keine Straße wird nach Dir benannt.

II

Bald wolltest Du nicht mehr an Neiße haften,
Du zogst nach Breslau zu den Wissenschaften.
Schlugst dorten, durstgequält, doch guter Dinge,
Im Schweidnitzkeller eine scharfe Klinge,
Dann stelltest Du bei Kissling Deinen Mann,
Wo dunkler, schwerer Stoff aus Kulmbach rann.
Wenn bessre Menschen im collegium schwitzen,
Ersah man Dich im Café »Räudel« sitzen.
Du fröhntest dem poetischen Berufe
und sankst in solcher Art von Stuf' zu Stufe.

III

Die Jahre gingen — Deine Sonne schien;
Sie schien, so schien's, auf einen festen Grund,
Du saßest mit der Leni in Berlin,
Doch säßig noch ein Weltenvagabund.

Dein Leben lang hiebst Du in diese Kerbe
Und sollst es forttun bis zur seligen Sterbe.

Du bist ja nicht ein »Dichter unter Dichtern«,
Die blöken, wie sie blühen oder bluten,
Du siehst die Welt aus einsam-eignen Lichtern,
Im tiefsten fern von irdischen Statuten.
Mit Spott und Liebe guckst Du ins Gewühl,
Von Leid und Sinnenfreude randgefüllt,
Weich, nimmer weichlich, nie familienkühl,
Ein Wagehals, der sich beherzt enthüllt.
Denn Nichts-als-Lyrik scheint mir matt und mager,
Ein Ding, von dem man sich erholen muß.
Du bist, im Weinen noch, ein Wahrheitssager,
Das ist Dein plus!
Man gilt als Lyriker bei guten Leuten;
Du bist ein Aas, und das will mehr bedeuten.

IV

Gleichviel. Durch alle Phasen scholl bis dato
Dein holdes Leni-Lied, um sie, für sie;
Der Grundklang, wie ein basso ostinato,
Im Vielklang Deiner Lebensmelodie.
Grüß Sie von mir. Fühlt beide nicht zu hart
Die Tor- und Tierheit dieser Gegenwart;
Man ruiniert sich damit seelisch —
Sieh mal die Welt mephistophelisch!

Durchleb mit Ihr, nach Deutschlands Selbstentmannung,
Für immer gegen Heimatsweh gefeit,
Entfernt vom Müff, die Wonnen der Verbannung,
Indem Ihr glücklich draußen seid!

Und wenn Dir der cafard im Nacken sitzt,
Du bist ein Dichter. Singe, was Du littst.

Kurt Hiller

I

So ziehn wir hin — endlose Serie.
Was lebt, kommt langsam in die Jahre:
Aus Knaben werden Fünfzigjährige,
Aus Gymnasiasten Jubilare.
Als Schüler stobst du einst zu mir,
Du lugtest nach dem Leben aus;
Hast heut' die Hälfte hinter dir;
Flüchtling... aus einem Totenhaus.
Wir hatten diesen Lauf der Welt
(So sehr man sie verdächtig fand)
Uns damals doch nicht vorgestellt,
Nicht mal im deutschen Vaterland.
Noch barg das Dasein unbedingt,
Was es an Späßen mit sich bringt.

II

Den Keim, den es schon in sich trug,
Hat doch dein Herz gefühlt — es schlug
Für alle Verfemten, Unterjochten.
Ein Reisiger der Lebensschlacht
Hast du, als Wehrmann auf der Wacht,
Mit klarer Klinge klug verfochten
Was dieses Dasein menschlich macht.

III

Nie regte sich auf deiner Bahn
Eine vorteilsüchtige Regung:
Du bist für völkisch frechen Wahn
Die wandelnde Widerlegung;
Denn was der Nazi-Dummkopf dreist
In seines Schädels trübem Drang

Den deutschen Idealismus heißt:
Das war dein Leben, lebenslang.

Dem bist du tapfer treu geblieben
Und... hast in deutscher Sprache geschrieben.

V.
Psalm: Juda

Juden

I
Die Krise kreist in Nord und Süd;
Wer hat die Schuld? Die hat der Jüd.
Wer hat uns listig eingelullt?
Die Weisen von Zion mit koscherem Kult.
Die Juden sind schuld.
Der Nazi rülpst vom Rednerpult:
»Die Juden sind schuld!«

II
Was taten die Juden in neueren Zeiten?
Sie schlugen schlimm mit dem Flederwisch
Und mit der gepanzerten Faust auf den Tisch
(Anno Wilhelms des Zweiten).
Da haben die Juden mit blankem Schwert
Rußland und Frankreich den Krieg erklärt.

III
Die Juden hielten die Welt im Garne,
Die Juden schwelgten im Schlachtengraus,
Die Juden verloren die Schlacht an der Marne,
Sie rückten nach Doorn in Holland aus.
Manche flohen (ein Jammer für jeden)
Mit einer blauen Brille nach Schweden.
Der deutsche Wohlstand war genullt —
Die Juden sind schuld.

IV
Sie hatten den Erdball verheert und verpestet,
Dunkle Banditen und Duckemäuser,
Sie selber blieben fett gemästet
Und bauten sich braune Häuser.
Dort schworen die Juden früh und spät
Den Meineid auf die Legalität.
Die Juden ließen sich (in der sozialen
Revolution) von Thyssen bezahlen —
So hintertückisch-hundsgemein
Kann nie ein Arier sein.

V
Die Juden haben mit Haar und Haut
Einsteins Geld auf der Bank geklaut.
Einbrecher! Sie verehren im Kern
Als ihren »Führer« den Dietrich; (von Bern).
Und wenn die Sore gut geriet,
Singen sie das Horst-Wessel-Lied —
So ist der Semit!

VI
Was machen die Juden für Weihrauchdampf
Um ihr kitschiges Buch »Mein Kampf«!
Davon kauft jede Volksbücherei
Durch Amtsverordnung Stücker zwei.
Engros wird so der Absatz stark,
Der Itzig erbt pro Stück zwei Mark,
Der Judenschacher wird perfekt,
Millionenrebbach eingesteckt!
Dabei betont er sein teutsches Gemüt —
Ein echter Jüd!

VII

Heut hat der Jud' durch den widerlichen
Reichstagsbrand die Macht erschlichen.
Seit jenem Tage hats getagt:
Marxistenmord und Menschenjagd.
Da wird gekillt, auf der Flucht, von hinten,
Da wird gefoltert mit tierischen Finten.
Sie knacken die Knochen. Sie knallen die Knüppel.
Sie hauen Gefangene lahm und siech;
Sie schlagen Wunden, die nie genesen,
Es rast das kannibalische Viech —
Sind das nicht die Juden gewesen?

VIII

Drum, was man in Zukunft die Kinder lehrt,
Das ist: der jüdische Minderwert.

IX

Und daß ichs nun zusammenfasse
(Lassalle riet »festzustellen, was ist«):
Seht mal das Trio der Zukunftsrasse:
Ein Irrer, ein Krüppel und ein Sadist.

Die glauben, es sei Bedarf in der Welt,
Daß just ihr Dreck sich als Rasse erhält.
Die deutsche Zukunft sei dann gesichert
(Man kichert).

X

Der Nazi, sonnig, goldig, treu,
Krankt chronisch an der Wahrheitsscheu.
Kriegsfolgenpest in Nord und Süd?
Schuld hat der Jüd.
Und bebt die Erde, gottbehüt,
Von heißem Aschenregen verbrüht —
Dann lügt der Lump auf dem Rednerpult:
»Die Juden sind schuld. Die Juden sind schuld!«

Vulksgenossen san schepferisch

I

So hat er, subaltern und dreiste,
Das Volk der Jüden angeklagt;
Es war so sinnvoll, wie das Meiste,
Was er gewohnheitsmäßig sagt.
Längst weiß ein jedes braune Kind,
Daß die Mauschels nicht schöpferisch sind;
Daß sie, an Einfällen bettelarm,
Nur in verdächtigen Morgenlanden
Mitten im hehren Heidenschwarm
A bissl Monotheismus erfanden —
Dieweil unsre Väter, auf weglosen Straßen,
Im Wotanswald auf Bäumen saßen.

Dann haben die Jüden, mit Bosheit gesäugt,
Den Bolschewik Spinoza erzeugt.
Der Goethe fraß an ihm einen Narren,
Aba jetz mach'ma reinen Tisch:
Die Judensau, dees war a Schmarren!
Mir Vulksgenossen san schepferisch!
Der Spinozeles ist ein Zwerg
Gegen unsren Rosenberg —
Der wandelt auf der eignen Spur
Und äußert Quatsch in Reinkultur.

Dann schmuggelt der Jud ins Nazi-Walhall
Zwei koschere Itzigs: Marx und Lassall';

Die haben, ob auch zeitlich entfernt,
Die Hauptsach' von die Cherusker gelernt.
Dann kam das ärgste der Judenschweine,
Der ließ in die Welt seine Liedchen los:

Der Judenfrechling Chajim Heine;
Baldur von Schmierach ist doppelt so groß.

Nun haben die Jüden vollends jetzt
Hersch Einstein in die Welt gesetzt.
Gleich unterstand sich der Mauscheleben
Den Erdenball aus die Angeln zu heben.
Als Gast in unsren deutschen Gebieten
Is dees a Frechheit vun an Semiten!
Ein andrer Jud, nicht so gefährlich,
Hat aus Versehn was Guet's getan:
Per Zufall fand der Mauschel Ehrlich
Das uns so nötige Salvarsan.
Den laß ich ausnahmsweis in Ruh,
Da drück ich beide Augen zu ...

So haben die Jüden stets andre geäfft.
Sie haben vor allem — heißt ä Geschäft! —
Die Welt vom Aberglauben befreit;
Den schaff ich euch wieder ... in arischer Zeit.

II
Wahr ist es, was der Meister sprach.
Der Juden Schöpferkraft liegt brach:
Sie machen den Mussolini nach!
Der hob den Arm zum römischen Gruß;
Schrie nicht ein Jud sofort: »Ich tu's!«
Und machte dieses ebenso,
Ganz wie ein Affe in dem Zoo?

Hat nicht ein Jud den »duce« jetzt
Einfach mit »Führer« übersetzt?
Unschöpferisch wie halt a Jud —
Seht, er schmarotzt an fremdem Gut!

Wer hat einen Staat im welschen Land
»La terza Italia« genannt?
Der koschre Jüd kopiert es gleich
Und er nennt sein Ding »Das Dritte Reich«.

Jud heißt: ein Imitiergemisch.
Vulksgenossen san schepferisch!

Katechismus

Lehrer:
Weiß du, wieviel Sternlein schweben
An dem hohen Himmelszelt?
Weißt du, wieviel Juden leben
Auf der weiten Erdenwelt?

Schüler:
Ich weiß, wieviel Menschen auf Erden wohnen,
Im Westen, Osten, Norden und Süden:
Zusammen sind's 2000 Millionen,
Darunter 16 Millionen Jüden.

Lehrer:
Dieser Zustand zeigt euch klärlich:
Jene sechzehn sind gefährlich!
Also, nimm dich wohl in acht,
Mein arisches Kind,
Vor ihrer Übermacht
(Obschon sie Untermenschen sind).

Schüler:
Immer sechzehn von den Schlingeln
Werden uns zweitausend umzingeln.

Alle:
Habt acht vor den Judenjüngeln!

Nazi-Olympiade

I

Seid nicht bang, säumt nicht lang!
Allen Sportlern, die wir luden,
Winkt ein festlicher Empfang,
Euch zumal, ihr lieben Juden.
Ohne jeden Unterschied der Rasse!
Immer reingetreten! (Schatz, mach Kasse).

Sportvereinen wird verbürgt,
Daß wir Juden nicht verfemen.
Seit wir alle abgewürgt,
Bitten wir sie teilzunehmen.

II

Aber falls ihr, in der Olympiade,
Ob auch mit dem Kranz geziert,
Euch erfrischen wollt im Bade,
Badet bitte isoliert.
Unsre Sippenordnung (wen verwundert's?)
Wird durch eine Klausel klar ergänzt:
Wir, die größten Schweine des Jahrhunderts,
Baden immer abgegrenzt.
Reiche Juden dürfen's schon:
Oppenheim und Mendelssohn

Unsre Lehre von der Ehre
Findet man nicht anderswo,
Arier haben Charaktere:
Man kann so... und man kann sooo.

III

Ständig stockt der Blutinstinkt,
Wo der Kies im Kasten klingt.

Seid nicht bang, säumt nicht lang!
Allen Sportlern, die wir luden,
Winkt ein festlicher Empfang —
Tretet ein, ihr lieben Juden.

Ausgemerzte Namen

I

Die Toten sind im sicheren Port
Dem ewigen Frieden anvertraut.
»Wie sie so sanft ruh'n«, sagt ein Wort
Im sanften deutschen Mutterlaut.

Sobald der Leib im Grabe ruht,
Hat Groll und Feindschaft aufgehört.
Allein, ist es ein deutscher Jud,
Wird noch der Totenschlaf gestört.

Im Schlachtfeld fand er seinen Tod,
Jedoch den Lohn hat er verscherzt:
Sein Name wird (nach Amtsgebot)
Am Kriegerdenkmal ausgemerzt.

II

Der Jude hört's, im Schattenreich.
Er lacht und tröstet sich geschwind.
Er findet nur: daß im Vergleich,
Schakale noble Viecher sind.

Das Schlimmste

Die Juden haben unbestritten
Von allen Verfolgten das Schlimmste gelitten:
Nicht weil sie politisch verschworen sind —
Nur weil sie halt geboren sind.

Judenbewußtsein

Das gute Gewissen ist unbedingt
Der Trost, den ihr im Leben habt.
Ihr wißt, wenn Deutschlands Lob erklingt,
Nicht nur, was ihr von ihm empfingt:
Auch was ihr ihm gegeben habt.

Meine Schwester Annchen

I

Was Hamlet (als Provinzler) irrend sprach,
Das holt die Weltentwicklung heut erst nach:

Heut gilt sein Wort: »Die Zeit ist aus den Fugen«.
Der Mensch, der auf vertrautem Grunde stand,
Ward weggefegt, wohin ihn Stürme trugen.
Dich, Schwester, trugen sie ins heilige Land.

II

Salomo's Burg mit der schimmernden Säule
Prangt im Herzen des Judenstaats.
Denkst aber doch an die hohe Eule
Und an die freundliche Grafschaft Glatz.
Hast, trotz Zedern und trotz Zypressen,
Wo sich der Libanon himmelwärts hebt,
Nie die schlesische Heimat vergessen,
Wo Du ein Leben lang gelebt.

Wirst das Land unsrer Väter lieben,
Da Dein Wanderziel erreicht ist,
Und bist dennoch deutsch geblieben
(Wenn's auch nicht leicht ist)...

III

Denkst Du noch der lieblich entrückten
Zeiten, heut als ernste Frau,
Da wir sommers Blaubeeren pflückten,
Lachende Kinder, in Langenau?
Sag mir, teuerste aller Schwestern,
War es nicht gestern?
Ist das Leben Galopp gerast?
Alles Glück und alle Pein,
Alles, was Du sannst und sahst
Soll schon abgeschlossen sein?
Ward die Erde so schwül und schwer?

Steht sie morgen vielleicht in Flammen?
Blaubeeren pflücken wir niemals mehr
Zusammen?
Fliegen wir nächstens, ich wie Du,
Tanzender Staub, durchs blöde All?
Und die Stundentür schlug zu
Hinter dem ... einmaligen Fall?
Kinderaugen, so früh verglast? —
Ist das Leben Galopp gerast?

IV

Hilft mir's (ich bezweifl' es sachte),
Daß ich jenes seltne Ding:
Schönheit, dieser Welt vermachte,
Eh ich von ihr ging?
Weiß ja doch auf dem Sterbebett:
Selben essen (und leben) macht fett.

V

Dennoch! In der ewigen Leere,
Durch den langen Mollakkord,
Durch das stumme Miserere
Klingt ein Klang der Freundschaft fort.
Summt und surrt in Sternenjahren,
Wie wir einst verbunden waren.

Und dann flattern wir hernieder,
Landen bei der heiligen Stadt,
Und wir spielen, Kinder wieder,
Jetzt im Tale Josaphat.
Lieblich leuchtet Rahelslicht;
Blaubeerpflücken gibt es nicht ...

Doch wir aufgeweckten Toten,
Jugendsehnsucht im Gebein,
Pflücken koschre Pfefferschoten,
Annchen, das wird herrlich sein.

Der Karren

I

Du schreibst mir, daß im Heiligen Land
Weitab von Jakobs Weidetriften
Im Gassenstaub ein Karren stand
Mit meinen »Gesammelten Schriften«.
Du kauftest sie, wie sonderbar,
Von jenem koschren Antiquar.

II

Ist es ein Wunder, heiliger Brahma!
Da jeder Wert in Trümmer fällt;
Was soll denn eine »Welt im Drama«
Im wüsten Drama einer Welt?
Ist Dichten heut ein Daseinszweck?
Die »Welt im Licht«? Die Welt im Dreck!
Die armen Bände starren
Verstört auf ihrem Karren.

III

In Deutschland tobt ein Stank-Taifun,
Nach Büchern kräht kein Hahn, kein Huhn.
In Deutschland haben knallige Knoten
Des Wortes heilig-scharfe Kunst
Mit impotenten Pfuscherpfoten
Verhunzt. Verhunzt. Verhunzt.

Die sieben Bände starren
Verstört auf ihrem Karren.

IV

Doch was der karge Karren barg,
Erstrahlt einst: an der Weltenwende.
Die Sätze steigen aus dem Sarg

Und reichen sich die seligen Hände.
Denn es erscheint am jüngsten Tag
Ein Neudruck für die Ewigkeit
Im großen Seraphim-Verlag
Und mit Jehova-copyright.
Von Engeln wird der Druck begonnen.
Mit Gold anstatt mit Druckerschwärze,
Gedankenstriche werden Sonnen,
Und jeder Punkt ist eine Kerze.
Da liest auf höchster Himmelsflur,
Nicht mehr von Kostenfurcht gepeinigt,
Der Autor zwölfmal Korrektur
(S. Fischer hindert ihn dabei nicht).
Dann, wenn er müd vor Glück verschnauft,
Erfährt er, was ihn freuen muß:
Die Bände werden viel gekauft — —
Besonders auf dem Sirius.

V

In Deutschland haben üble Knoten
Des Wortes heilig-scharfe Kunst
Mit impotenten Pfuscherpfoten
Verhunzt. Verhunzt. Verhunzt.

Zweiter Teil der Musik
Solo

I.
Vivace: Besiegter Tod

Schon sterben?
(1930)

I
In den fahrigen Nächten, im grenzenlosen
Grauen werden die Nerven nicht kirre.
Sie zerren zuckend, nach den Narkosen,
Sie tappen tobend in der Irre.

Du meinst zu sterben; — aus das Spiel?
Was ist dies Ganze? (ach: was war es?)
Es war sehr nichtig — und war so viel.
Ein Elendes ... und Wunderbares.

Doch der Sinn im Irrsinn sichtet und siebt:
Der Sinn sucht den Sinn des seltsamen Falles:
Was hast du am schwindenden Leben geliebt?

Alles. Alles.

II
Das täglichste Dasein — mit ungewissen
Beseligungen und Ärgernissen.
Mit Kinkerlitzchen, Besorgungsgängen.
Mit Kintoppdunkel, Asphaltgesängen.
Mit Kinderlärm und süßen Plagen.
Mit Anschlagsäulen, Trambahnwagen
Und Warenhäusern an Nachmittagen
(Samt Rolltreppen, Lichthöfen, Steigen, Stiegen,
Verkaufstischkröten und Einpacksfliegen).

Alles...!
Mit Februardunkel und feuchten Gesichtern.
Mit Botschaftsbällen, Kempinski-Lichtern.
Mit Passau (geselchte Augenweide)
Mit Bozen (leichtes Trauergeschmeide).
Mit Sommern in Schleswig auf Hallig und Heide.
Mit Rahelsland und Josaphat,
Mit der thronlos thronenden Davidstadt.
Mit Yankeelust am Pazifischen Meer.
Mit gallischer Sprache; mit »Quai Voltaire«.
Mit dem neu-verwegnen Menschengesetz
Der Sowjets.
Mit Zeitgenossen, zarten und rohen.
Mit Albert Einstein, dem Einzigen, Hohen.
Mit Beethovens hehrem Berserkerkrach.
Mit deutschen Sätzen, durchfugt, durchfunkt
Im heiligen Kampf mit dem Doppelpunkt.
Mit allem, was lieb und was infam,
Mit Essen und Trinken, Hunger und Durst,
Mit Pflichten und widerwärtigem Kram —
(Aber das ist wurst);
Wichtig nur: daß man kein totes Tier ist
(Mit Leichenflecken und fahl wie Kalk,
Gallertäugig, ein lebloser Balg) —
Wichtig, daß man atmet und hier ist.

III

Und ob du im Dasein murrst und knurrst:
Gegen dies Eine bleibt alles wurst:
Einen Kuß kriegen ... oder einen Stoß,
Ein leichtes ... oder ein lausiges Los,
Mit guten, mit bösen Mächten im Bund sein
(Der Unterschied ist nicht so groß) — —
Aber nur leben und gesund sein!

IV

Man soll leben und gesund sein.

Irrtum

Trottel und tränende Trauerweiden
Heulen, daß sie »am Leben leiden«;
Bis sie es mit Fluchen und Flennen
Eine Hühnerleiter nennen.

Aber das Leben ist herzlich heiter
Mit allem Saftigen, Farbenbunten;
Der Tod nur ist die Hühnerleiter,
... Von oben bis unten;
Von oben bis unten.

Genesung
(1930)
Für Julia

I
Alles literarische Gefasel
Drang nur aus der Ferne noch ans Ohr.
Nach der Nachtfahrt stieg ich um in Basel,
Aus der Schlummerstatt getrieben
Schon vor sieben.
Und man fror.

II
Eisig lag an diesem mäuschenstillen
Morgen alles überschneit.
Frostgekillt verstarben die Bazillen
Hörbar in dem Eingeweid.
Schaudernd ließ ich meine Blicke ruhn
Auf der kalten Youngfrau hinter Thun.

III
Und der Zug zog weiter, summend, surrend.
Neben mir bewegte sich was leis:
Lichtbetroffen doch behaglich schnurrend
Blickte Julia blinzelnd in das Eis.
Zuppelte an ihrer Muschelkette;
(Süße Maus — ach, wenn ich Dir nicht hätte!)

IV
Die Gegend war sonnig, als ich sie ansah,
Der Zug ist durch den Simplon gebraust.
Wir kuckten von oben auf Pallanza;
(Dort hatten wir vor fünf Jahren gehaust).
Umglitzert lag die Isola bella,
Im Blauen schwamm sie, grün vor Glück;

Mir ward's »im Busen hell und hella«...
(Dann dacht' ich an die Jugend zurück:
Als ich auf leuchtender Tage Spur
Einst nach der Schönheitsinsel fuhr,
Die Welt war rund, die Welt war bunt —
Und ich gesund).

V

Kam alles wieder? Erschien es neu?
Jedes Glück, das mir je widerfahren?
Halloh! ich bin ein sunny boy —?
(In reiferen Jahren ...
Oi, oi, oi!)

VI

Trübe schwoll der Horizont;
Industrieland: Piemont.
Schornsteingegend; nichts mehr ländlich;
Schlotrauch, der sich nie zerteilt hat;
Hier, wo Nietzsche (unverständlich
bei dem Qualm) so gern geweilt hat.
In dem Schönheitskelch erschien
Etwas Wermuth, aus Turin.

VII

Auf der Landstraß' (mit gehißten
Fahnen und mit Kampfgebell)
Hielten jüngere Faschisten;
Gruppen traten zum Appell.
Jeder Trupp, der sich komplett sah,
Schlug sich buschwärts in die Seite.
Und sie sangen »Giovinezza!«
Zu Italiens Wirtschafspleite.

VIII
Der Zug verfiel in seltsame Tänze,
Er hopste hoch, er hüpfte toll.
Spät kam er zur französischen Grenze.
»Descendez! La douane!« (Der Zoll).
Doch Zöllner sind ein leerer Schrecken:
Sie stöbern — ohne zu entdecken.

IX
Als ich ausgehungert um mich sah,
Schien der Speisewagen abgehängt.
Ans Buffet! »Vite, un panier repas!« —
»Vierzehn Francs«. (Dafür war er geschenkt).
Kellnerin und Wirtin taten
Vichy samt dem Trinkgefäß,
Roastbeef 'rein, Kalbsnierenbraten,
Früchte, Weißbrot, Roquefort-Käs.

Weiter ging's. L'heure bleue; die Dämmerung blaute.
Rings erklangen gallisch holde Laute.
(Und ich kaute).

X
Alte Wirkung; immer wieder
Bleibt sie dennoch staunenswert:
Wenn man vom Gebirg hernieder
An dies Lustgestade fährt.
Durch des Südens offne Tür
Dringt ein Duft. Die See ist nah.
Abendglanz der Côte d'Azur.
Und ich rief: »Da san ma da!«

XI
Sehr lieb' ich die Havel, bei Kladow und Gatow,
Mit Sonntagssegeln und Bootsgedräng;

Mehr lieb' ich noch Château Diodato
Am Mittelmeer bei Cap Martäng ...
Blaue Wasser türmen und tosen,
Landen, branden in schimmerndem Schäumen.
Drüber gaffen gelbe Mimosen,
Weißrosa Blüten an Mandelbäumen.
Ur-Eukalypten sonnbeschienen.
Und (auf daß ich's nicht vergesse)
Tausend goldne Apfelsinen
Baumeln einem in die Fr....

Grübelnd fragt man, umflirrt und umschwirrt:
»Hat sich der Tod noch einmal geirrt?«

(Wer weiß, was wird.)

XII

Seewärts sinkt eine Blumengasse,
Verschollen. Menschen trifft man nicht.
Hier sitz ich, wenn ich das Haus verlasse,
Auf einer alten Meerterrasse
Im heiligen Licht.

XIII

Im heiligen Licht.

Korsischer Wald

Für Julia

I

Dir lebt im Gedenken, was sproßt und sprießt;
Die Bucht und das Kap, der Paß und das Tal,
Der Felsenbach, der meerwärts fließt;

Es ist ja nicht das erste Mal,
Daß du mit mir die Welt durchziehst.

Ein heiterliebliches Gemisch
Bliebst du vom Anfang bis zum Schluß:
Halb mädelweich, halb knabenfrisch,
Mein liebster »Page Lucius«.

II

Es war in Piana. Das Erdenall
Beging den neuen Sonnensieg
Mit Brunnensang und Träufelfall;
Die Städtewelt lag fern und schwieg.
Hoch über der See scholl Vogelmusik
Zum Ruch der Blütenflocken,
Gießbachgerausch, Eselgequiek
Und Maultierweideglocken.
Vom Himmel hauchte Lila-Gold,
Das Mittagsmeer lag mäuschenstill,
Rotwände tauchten schroff und hold —
O heiliger Süden im April!

III

Verschollen wie ein Zwergenschloß
Hob sich im Schattenwald ein Wall;
Ein Quell aus seinen Quadern floß
Mit raunend leisem Schall.

Dort ruhten wir, im Laub versteckt,
Die Knochen kühlsam hingestreckt.

Und eine Amsel sang vom Ast
(Ihr Trällern klang französisch fast):
»Attention! Aufgepaßt!
Je chante la vie,
Je vante la vie,
Mon couer est enthousiaste!«

IV
Ich lauschte dem Gesing,
Die Zeit verging ...
Dann, wie ich lag und wie ich sann,
Sprach ich zu dir (und sah dich an):

»Mir hatte der Tod die Lust vergällt:
Ein lichter Mensch war mir genommen,
Da schien der Alltag über die Welt
Gekommen.
Doch du mit fester und linder Hand
Hast mich ins Leben zuruckgelenkt.
Du zogst voran ins Kinderland,
Hast mir ein süßes Paar geschenkt.
Du warst der Anfang nach dem Ende,
Der Tod hat weichen müssen —
Ich möchte dir zum Dank die Hände
Heut und immer küssen.«

V
Ich schwieg. Die Amsel sang vom Ast,
Doch klang es anders als zuvor:
»Je chante la vie, je chante la mort!...«
Ihr haltet eine Lebensrast?
Ihr zwei im Schlupf des Laubgehegs:

Der Tod ist immer unterwegs —
Aufgepaßt!«

Wir sprachen, du und ich, kein Wort,
Das Tier flog fort.

VI

Der Tod schleicht zwischen den Stämmen her,
Er wandelt abends auf dem Meer,
Er lächelt durch das Mittagslicht,
Er sagt: »Noch nicht.«

Und wenn ich einst krepieren muß
Dann küßt er mich mit deinem Kuß —
Leb wohl, mein Page Lucius.

II.
Aria: Visionen

Julia nach der Flucht

I

Die Welt versinkt in Nacht und Graus,
In Tierheit und in Widersinn,
Doch blühend leuchtet eine Maus
Durch alle dunklen Zeiten hin.
Und wenn der Wind des Wahnsinns tost,
Ist diese Maus ein Menschentrost.

II

Durch Wolkenrisse, durch Finsternisse
Fällt in die Welt ein spärlicher Schein,
Menschen wandern ins Ungewisse,
Fragen sich: was wird morgen sein?
Durch den Dämmer leuchtet licht,
Frau, dein liebes Gesicht.

Hab keine Furcht. Mir läuten die Glocken
Hoffnungshell. Nichts kann mir geschehn,
Wenn deine braunen Sommerlocken
Lustig um deinen Nacken wehn.
Bist mir der Wind, der die Stirn umkost,
Lebenslust und Sterbetrost.

III

Jetzt genug der süßen Worte;
Süßeres weiß ich wunderbar —

Guck, ich schieb eine Schlagsahntorte
Unter dein grünes Augenpaar.
Durch die Angst wird das Leben vergällt,
Friß in Freuden — und pfeif auf die Welt.

Erscheinung

I

Wer du auch seist,
Ob du dich selbst nicht kennst:
Verfeinte Dame? Nebelgeist?
Bezauberndes Gespenst!

Ich glaub: ein Stern hat sich geschneuzt
Und spie dich in das Ungefähr;
Still hast du meinen Weg gekreuzt
Und fliegst ein Stückchen nebenher.
Ich leuchte, wenn dein Blick erglänzt —
Bezauberndes Gespenst.

II

Nicht lang zu leuchten ist dein Amt;
Du leuchtest zart und flackerhell,
Bist zum Erlöschen früh verdammt —
Stirb nicht zu schnell.

Halb Gütiges, halb Arges ruht
In deinem unerforschten Licht.
Sei, was du willst: sei schlecht, sei gut —
Nur stirb mir nicht.

III

Oft sind mir lästige Lauscher nah,
Gespitzter Ohren Neubegier;

Dann sprech' ich leis: »Ne mourez pas;
Oh, je vous défends de mourir«.

Und wenn du mir das Herz verbrennst,
So lache mir ins Angesicht.
Tu alles, was du »stark sein« nennst,
Du mein bezauberndes Gespenst —
Nur stirb mir nicht.

IV
Nur: stirb mir nicht.

Söhnchenmord

Weiß Gott, worin ich mich verfing.
Weiß Gott, wie ich heiß an dir hing.
Doch »aus ist aus!« hab' ich gedacht,
Als deine Mutter in der Nacht
Mit mir zum Wasser ging.

Das Mondlicht schien mein Herz zu blenden.
Die Augen hielt ich abgekehrt,
Die Flut war bang und krank —
Als das Gebund aus ihren Händen
Vom Stein beschwert
Versank.

Das Dasein ist ein fremdes Ding;
Weiß Gott, worin ich mich verfing.
War dies mein Sohn? Er weinte sacht
Und schlief doch — als ich durch die Nacht
Verstorben heimwärts ging.

Irrlicht

I

Was zählt hinieden? Weniges zählt.
Doch du, von Dämmerung umseelt
In deinem schattensüßen Schimmer:
Hier, wo die Seelen Sehnsucht quält,
Du gabst mir, was dem Dasein fehlt —
Für immer.
(Für immer?)

II

Ich ginge lächelnd deinethalb
In leichenwirre Wüstenei'n.
Und flögst du über Eis und Alp,
Ich häng' mich an dein holdes Bein.

Und reitest du in rauhem Ritt
Nach Feuerland, von Sturm bedrängt,
Ich renne raumerhaben mit,
An dein verwunschnes Bein gehängt.

III

Three cheers dem Schöpfer, der dich schuf,
Der einstens »Mägdlein, wandle!« sprach.
Turnst du zuletzt in den Vesuv,
Ich turne nach,
Rasch hintendrein,
Und sterb' an deinem langen Bein.

IV

Dann warst du klamm. Ein dunkler Reiz
Zog dich zum Sommer in die Schweiz.
Ein schrecklicher Verzweiflungsschritt;
Du fühltest keinen Hoffnungsschimmer
Und nahmst die beiden Beine mit
Für immer.

Bord de la mer

Oh lame glaciale!
J'ai lâme glaciale...

En ce temps moche et rude,
Que veux-tu donc, mon coeur? —
Je voudrais un peu plus de
Chaleur ...

Mag fizaine

Londres n'est toujours pas rigolo.
Un malaise y règne en permanence.
Upper Bedfort et Southampton Row
S'eveloppent d'un profond silence.
Froidement la cloche sonne:
»C'est l'automne. C'est l'automne«.

Londres n'est toujours pas rigolo.
Sans entrain y traîne l'existence.
L'âme, nuitamment, vogue en bateau
Par Newhaven vers la doulce France.
Dites-moi, ma belle amie:
Etes-vous encore en vie?

Clair-obscur

En ta Lorraine, c'est l'idylle:
Dans cette hutte qui t'est chère
Tu as élu pour domicile
Le vieux fauteuil de feu grand-pére.
Les goutte tombent. Tu les guettes
En bâillant un tout petit peu,
Et tu manies les pincettes
Au coin du feu.
Je vois la chambre qui t'héberge.
Je vois ta divine frimousse —
Dirait-on une mère vierge
Ou une enfant lassée et douce?

»Die Welt im Licht«

Le monde était plein de lumière.
Or, tout va sens dessus dessous …
Dans les broussailles la clairière,
C'est vous.

»Die Welt im Licht«? Eins ist gewiß:
Halb sank sie heut in Finsternis.
Schickt mir das Licht noch einen Gruß,
Bist Du's … Bist Du's…

Moment perdu

I

Mon pauvre coeur, amie,
Fait bruyamment tic-tac —
Il a la nostalgie
De Mag.
De Mag.
De Mag.

II

(La vie est vaine
Sans Mag Fizaine).

Requiem

Inge

(1918)

I

Als ob die Stunden kostbar wären,
Eh' dieses Atmens Frist verrinnt,
Stapftest Du tapfer durch die Sphären,
Mein Botenkind.
Auf Strahlen, die aus Ur und Rätsel gleiten,
Im starren, firnen Sternrevier,
Schrittst Du getrost durch tausend Ewigkeiten
Zu mir.

Was ist das Menschenziel? Die Augen sehen's
Nie zwischen Nochnichtsein und Nichtmehrsein.
Du warst in dieser Fahlnis des Vergehens
Mein goldner Schein.

Ob ich, der abgezäunt Behauste,
Dich stachlig stach mit kaltem Wort
Und Deine Zauberhaare zauste —
Du liefst nicht fort.

Dann legten wir in Strahlen beide
Den wundersamsten Weg zurück,
Erlöst von fremd- und eigenem Leide
Zu kurzem Glück.
Der bauchig-fahle Eisensarg
Erbebte tief im harten Grau,
Der Deine seligen Glieder barg,
Du schlafend goldne Mädelfrau.
Den heiligen Leib von Mutterschaft geschwellt,
Sankst Du in süßer Hoffnung aus der Welt.

II

Ein Stamm am See. Die Sonne schien,
Der Flutwind flog ins Weite.
Da sangen Cherubsmelodien
Mit Linde, Klee und Rosmarin:

Geliebte! Benedeite!

III

Wir haben sommerfroh gegrast
An lichten Ufersäumen.
Die Welt erschien uns grünverglast
Mit Engeln auf den Bäumen.

Wir schlenderten durch Schleierhauch
Und gipfelhelles Wetter.
Wir kannten einen Himbeerstrauch.
Und Heu. Und Nußbaumblätter.

Wir zogen spät zum Felderpfad,
Durch Schattenwaldesschächte.
Wir spürten noch den Ruch der Mahd
Im Traum verküßter Nächte.

IV

Wir fuhren manchen Sommertag
Am Spätnachmittag, ich und Du,
Mit ruhevollem Ruderschlag
Auf Ambach und Sankt Heinrich zu.

Im Seegrund schwamm, umbuscht, umlaubt,
Mit glasig-zartem Flimmerspiel
Der weiße Kirchturm von Seeshaupt
Und zitterte zu unsrem Kiel.

Du tupftest sacht auf meine Hand,
Den Blick mir schimmernd zugekehrt.
Die narbige Benediktenwand
Lag schon von Abendluft umklärt.

Ins letzte Schweigen schwamm das Boot,
Wir trieben mit der Flut zurück.
Wir sprachen Aug in Aug vom Tod —
Wir wußten keinen Rat vor Glück.

V

Du lachtest über heimatstolze Knaben
Mit Eisenblick und Pfauenzier.
Du konntest jeden Krieger-Halbgott haben —
Und stobst zu mir.
Und wehtest wie der Wirbelwind.
Selig im Zorn; erbittert-liebelind.
Klug wie zwei Männer … und hold wie ein Bauernkind.

VI

Du sahst der Menschen Tagewerke:
Dort Memmensinn, hier Widerstand.
Du jauchztest: »Mut und freche Stärke
Sind Heil und Hort und Heimatland!«
Du sahst die feigen Fürchte lauern
Und hieltest Dich zum harten Turm.
Wie schnobst Du gern um meine Mauern —
Mein junger Föhn, mein blonder Sturm.
Du schmiegtest Dich beim Krähenschrei'n,
Bei Eulenflügelschlagen
Mir wohlig in die Ecken ein
Mit schnaufendem Behagen.
Du hast dich eng an mich gehüllt
Und schnurrtest stolz — halb furchterfüllt;

Dann fuhrst du in die Höhe
Voll Überglück und Braus,
Du mädelwilde Böe —
Da zitterte mein Haus.

Und wenn der letzte Stein erbebt,
Nur dann... nur dann hab ich gelebt.

VII

Du saßest, eh' der Tag verschied,
Die Sonne brannte draußen noch,
Im Dämmerkirchel von Bernried,
Das nach gelöschten Kerzen roch.

Das Tür'l stand auf sperrangelweit,
Und in den frommen Schatten drang
Ein Stück der grünen Helligkeit
Von Weisenweg und Haldenhang.

Drei Mädel, barfuß, trabten an,
Flach schlug ihr Fliesentrott ans Ohr;
Die mit dem Schlussel sprang voran
Und schloß die Steintrepp' auf zum Chor.
Sie tupften oben holpernd-leis,
Der Lehrer war noch nicht zurück,
Und übten sich mit wackrem Fleiß
Und spielten sacht ein Orgelstück.

Du, Inge, saßest blond und müd',
Nach Glück und Flimmern ruhevoll;
Du horchtest, wie das Messelied
Erquickend in die Kühle quoll.

Ein Weiberl kniete still. Ihr Bub,
Halbnackt, ein draller kleiner Mann,

Lag rücklings auf der Bank und hub
Das Fäustle wohlig himmelan.

Ich sah, wie Du zum Knie geschwind
Die Augen schimmernd niederschlugst —
Du gucktest heilig nach dem Kind,
Das Du schon unterm Herzen trugst.

VIII

Wir zogen mit dem Herbst zur Stadt.
Die Pest ging um. Die Stunde schlug.
Das Feuer glomm durchs Rankenblatt,
Als Dich der Dunkle von mir trug.
Die Brust hob sich zum letzten Mal.
Du lehntest anemonenfahl
Den müden Kopf zur Seite.

Die Zeit versank. Die Welt versank.
Schlaf still — nimm eines Menschen tiefsten Dank.

Geliebte! Benedeite!

IX

Du fliegst, wenn die verweinten Kerzen
Im Haus der Welt entzündet sind,
Zu meinem nächtlich schweren Herzen
Mit unsrem Kind.

Umdämmert von der finstren Reise
Starrst Du ins Licht und sagst kein Wort.
Als ob Du lebtest, frag' ich leise:
»Wie geht's Dir … dort?«

Das Aug' scheint zögernd zu erwachen.
Der Mund, der ohnegleiche, spricht

Mit neckendem, umhuschten Lachen:
»Das sag' ich nicht!«

Und Deine kinderselig warme
Geliebte Stimme klingt wie einst.
Dann drängst Du scheu in meine Arme;
Und weinst.

X

Ein Reim durchsummt mich sonderbar,
Tot, bergeschwer,
Der meines Glückes Frühruf war;
Ist nur zwei Sommer her:

Lichtblonde, Du Letzte — zerreißend und lind.
Klug wie zwei Männer ... und hold wie ein Bauernkind.

Gipfelglück, das ich erfahre,
Eh der Fährmann nachtwärts lenkt.

Sterben darf ich. Deine neunzehn Jahre
Hast Du mir geschenkt.

Andre magst Du einstens lieben
Fern und spät;
Doch in allem Herzblut mein geblieben,
Bis der Glanz des Augenlichts verweht;
Bis auch Deine Zeit verrinnt,
Deine Wunder weh verschollen sind —
Klug wie zwei Männer ... und hold wie ein Bauernkind.

Alle, die mir einst begegnet,
Tausend Tage tief verschönt,
Seid bedankt und seid gesegnet,
Seid gefriedet, sinkt zur Ruh —

Aber DU
Sei gekrönt.

Vögel sind wir, nicht vom selben Strand,
Doch von ähnlichen Gefiedern;
Blutgetrennt und blutsverwandt;
Gleich an Hartheit im Zergliedern;
Jeder der zwei Vögel ist ein Aas, —
Herrlich, wer des andren Herz besaß.

(Gleich an Glanz ... und gleich an Übeln.
Gleich in Weltlust ... gleich im Grübeln.
Uns umzwingt ein todgeheimes Band —
Blutgetrennt und blutsverwandt.)

Tiefste Wunde, höchste Stillung;
Herzzerreißende Erfüllung.

Wenn der Abschiedsruf der Erde tönt —
Friesenkind, sei gekrönt!

Paradies

Ich wußte träumelind beglückt;
Die Welt war hold und halb verrückt.
O wunderseltsam Ding,
Wie's durcheinander ging.
Vertrauliches und Grauliches,
Befangenheit, Versessenheit,
Erbauliches, Beschauliches,
Vergangenheit, Vergessenheit.
So schlummerig und dämmerig,
So schlummerig und schlemmerig!
Und farbige Falter flatterten,
Und grüne Grillchen schnatterten,
Und Rosendüfte rieselten,
Und Koselüfte briselten,
Und weiche Winde wimmerten,
Und Pfauenblumen flimmerten,
Und heilige Hühner kakelten,
Und fromme Frösche quakelten,
Und fleißige Bienlein sammelten,
Und beißige Böcklein rammelten,
Und schuppige Karpfen prusteten,
Und puppige Pudel husteten,
Und rote Rehe raschelten,
Und Feuer-Fohlen nüsterten,
Und kühne Kätzchen naschelten — — —
Und Liebeslippen flüsterten.

III.
Scherzo: Wanderschaften

Tunis und Mecklenburg

I

Nun rastet meine Seele
Mit ruhigen Gefühlen —
Ihr Palmen, ihr Kamele,
Ihr Mauren und Kabylen.

So traumbekannt und kindvertraut
Grüßt alles ringsumher
Mit Himbeerwald und Heidekraut
In Mecklenburg am Meer.

II

Am Mittag schwimmt zum Dünenwall
Durchs leichtbewegte Naß
Ein Schwarm von Schälchen aus Kristall
Wie veilchenfarbenes Glas;
Kiek: sind die Quallen angelangt?
Der Juli prangt.

III

Ein Haus. (Kein andres weit und breit.)
Von Schimmern überhuscht.
Das Moorland in Verlassenheit
Umwuchert und umbuscht.

Ein Dorf — das fern am Seedeich ruht;
Der streckt sich schmuck und schmal;
Das lütte Kap langt in die Flut;
Der Weg geht »up un dal«.
Was dorten döst in Duft und Schein,
Das wird wohl Wustrow sein.

IV

So rastet hier die Seele
Mit ruhigen Gefühlen
Vom Schweifenden und Schwülen
Ihr Palmen und Kamele,
Ihr Mauren und Kabylen.

Am Morgen hat es frisch getaut,
Die Welt ist sommerschwer —
Mit Himbeerwald und Heidekraut
In Mecklenburg am Meer.

Schwabenland

I

Zu den Palmen von Algerien
Fahr' ich in die Frühlingsferien.

Erst im Schwabenland jedoch
Schlief ich. Sachter Mond erglänzte
Hell herab von Degerloch —
Und es lenzte.

II

Und ein zuverlässiger, treuer
Burghofbrunnen älterer Art,
Nachtumschimmert am Gemäuer,
Raunte was vom Rauschebart.

Plötzlich ... Sang dort eine Grille?
Quakte hier ein Märchenfrosch?
Scheu erstarrte die Stille,
Und der gute Mond erlosch.

III

... Zu den Palmen von Algerien
Fahr' ich in den Frühlingsferien.
Tief empfand ich, duftgebadet,
Deutschen Dämmer im Gemüt:
Württemberg, du bist begnadet!
(Doch politisch? — Gott behüt!)

IV

Jenes Abends denk' ich doch:
Holder Schwabenmond erglänzte
Stumm herab von Degerloch —
Und es lenzte.

Mecklenburgische Wirtin

Bald braungeschmort im Sonnenstrahl,
Bald wonnevoll vom Wind gezaust:
So hab ich nun zum ixten Mal
Am Meer mit Weib und Kind gehaust.
Acht Wochen lang, acht Wochen lang —
Jetzt war uns vor dem Scheiden bang.

Das Reichhorn blieb von Lust erfüllt,
So oft es Tang und Wellen roch.
Der Sturm hat herrlich laut gebrüllt,
Doch meine Jöhren lauter noch,
Daß es durch Mark und Knochen drang —
Acht Wochen lang. Acht Wochen lang.

Die Zeit verglitt — wir gleiten mit.
Die Abschiedspforte beut man heut
Der blonden Wirtin Erna Schmidt,
Die hat uns trübungslos betreut,
Auch wenn ihr Trommelfell zersprang —
Acht Wochen lang. Acht Wochen lang.

Der Berliner zur Schweiz

I

Uns ist die Schweiz vertraut und lieb.
Ich will mal äußern, inwiefern:
Solch Hirtenvölkchen ... mit Betrieb.
Naturjewöhnt ... und doch modern.

II

Die Diplomaten, andrerseits,
Die sollten sich wat schämen:
Drei Sprachen wohnen in der Schweiz
In scheensten Einvernehmen;
Sie wirken in bewußter
Vorbildlichkeit als Muster.

III

Wat meiner Ollen sehr jefiel,
War Zürich, Bern und Rapperschwil.

Vom Rütli flooch ein stiller
Postkartengruß an Schiller.
Sein Ruhm strahlt unverjesslich hell;
Nur fehlten ihm die Reisespesen —
Er schrieb das Schauspiel Wilhelm Tell,
Und is doch niemals dort jewesen.
(Na, sind die Farben echt jemischt,
Denn schad't das nischt).

London

I

Du hast ein trautes Land betreten
Voll Altbewahrtheit: heut wie gestern.
Die Männer sind hier Sport-Asketen,
Die Frauen hier sind Krankenschwestern;
Schwestern mit ganz ungemeinen,
Gutgebauten, hohen Beinen.
Zeigen vieles hüllenfrei,
Lächeln mütterlich dabei.
Ei, eoh, ei!

II

Reizend sind die Dunkelblonden
Auf der Regent-Street in London;
Diese zwitschern arglos-fromm:
»Darling, komm!«
Und versprechen allerlei.
Ei, eoh, ei!

Engelsanft und lovelich
Geht die Britin auf den Strich,
Hilfreich, sorglich, schaffensfroh —
Eoh, ei, eoh!

III

Selbst die lady, liebeswillig,
Hydepark Corner, Piccadillich,
Platin- oder rotbehaart,
Zeigt die traute Sinnesart,
Kinderlieb und unbeseelt.
Nur, wer fühlt, der fühlt, was fehlt.

IV

Träume, die vom Hydepark starten,
Landen stets (man weiß nicht, wie)
In dem Tuileriengarten
An der Rue de Rivoli.

Manchmal in dem Park Monceau;
Never mind! thanks! hello!
Eoh! ei! eoh!

Londres

Sagesse, sport... et les affaires.
Les hommes sont de beaux athlètes.
Les femmes sont des infirmières
Aux jambes longues et bien faites.
Ça t'offrira toute la lyre
Avec un maternel sourire...
Malgré leur gentillesse on pense:
Décidément, j'ai le cafard
Loin du »charmant pays de France«
(Comme disait Mary Stuart).
J'admire Londres... Tout de même:
Paris, c'est different, on l'aime;
On l'aime;
On l'aime!

Spanien 1923
Für Julia

I
Der Fittich rauscht. Die Muse spricht:
»Don Alfred Kerr! Halb Glück, halb Fluch
Dünkt mich dein seltsamer Besuch
Im Licht.
Heut endet wohl dein Tagebuch,
Doch deine Sehnsucht endet nicht«.

II
Ich sprach: »Dies Sonnenabenteuer,
Verzaubert hält es mein Gemüt.
Voll Veilchenglut und Kupferfeuer
Seh' ich den Horizont im Süd,
Und braune Ketten ohne Ende
Und Ölbaumhalden silbergrau
Und rosa Dächer, Kaktuswände
Und Blühgesträuch am Meeresblau.
Und meines Lorbeers luftige Blätter.
Die Welt ist schön — zum Donnerwetter!

Wenn Himmelstöne brechend starben,
Fühlt' ich es im Gelenk der Hand;
Ich habe halb erloschene Farben
Und quick erwachte festgebannt.
Und jetzo zieht die Zauberei,
Nach der die deutschen Sinne darben,
Als Epilog an mir vorbei...
Schreib' ihn auf? — Ach was! es sei!«

III
Spanien, an des Erdteils Rand, / von dem Weltentrubel weit, / tagverlassen, kaum gekannt, / stoisch in der We-

senheit. / Nicht geglättet, nicht verbildet, / halb in Dornenschlaf gehext, / von der Sonne übermildet, / daß der Wein zum Munde wächst.
Spanien, wo der traumverschwommne / Erdensohn betrachtsam schaut, / und der Hang fürs Unvollkommne / Feierabendwelten baut...
Spanien, gar nicht fortschrittsdurstig, / das die Welt beim Alten ließ; / triebversponnen, ruhewurstig / — stehngebliebenes Paradies...

IV

Fromm bedeckt ist Hals und Busen,
Wenn sie unter schwarzen Blusen
Ihre schwarzen Röcke raffen,
Und die Augen sittig glühn.
Mohrentöchter. Zarte Affen.
Dunkel; fast olivengrün.

Und sie wandern wundersam
Im Orangenruch;
Schwarzer Dutt und schwarzer Kamm,
Schwarzes Spitzentuch.
Eine lächelt fragend-kühn.
(Dunkel; fast olivengrün).

V

Der grause Stierkampf, die corrîda, / bleibt eine wahre Seeelenseuche. / Das Publikum will imma wieda / die aufgeschlitzten Pferdebäuche; / auch Hahnenkampf mit Wettgekreisch / und bloßgelegtem Gurgelfleisch.
Der Mensch ist eine lästige,
Zu früh verkalkte Bestie.

VI

Avila, du mein Entzücken! / Hartsteintrotzig, unverzagt. / Türme. Tore. Kämpferbrücken; / rauh von Zinnen überragt. / Moslimwälle, wuchtbetagt...
Oben in der Diözese / (christlich sanfte Antithese!) / thront die heilige Therese.

VII

Über deiner Schwesterstadt
Aus der Mohrenberge Troß
Wolkenhoch und äthersatt
Hebt sich das Alhambraschloß.
Goldnes Denkmal toter Träume.
Rosa Mauern. Rosa Zinnen.
Urzypressen. Feigenbäume.
Und die Rauschebäche rinnen.
Berg-Au. Übergrünte Almen.
Unterm Schneegebirg die Palmen.
Schnörkelmärchen. Funkelwonnen.
Tausendfarbne Kringelströme.
Fabelwände. Flüsterbronnen.
Bunte Bogendiademe.
Glitzerblumen bläulich blühend.
Myrtenhöfe längst verwittert.
Flammenfrüchte rosa-glühend.
Träufegärten goldumgittert.
Wisperwinkel. Wasserbecken.
Hohe, himmelblau erhellte
Steingewordne Mondgezelte.
Gaukelfenster. Dämmerecken...
Zeitzerfressne Löwenmäulchen.
Feenlichter, schimmerhold.
Alabasterkerzensäulchen.
Kuppeln, violett und gold.
Goldne Träume draußen, drinnen.

Goldne Säle, goldne Zinnen.
... Und die Rauschebäche rinnen.

VIII

O Barcelona, Barcelona, / du hast dein' Sach' auf dich gestellt. / Längst ist der Rhythmus der Bewohna / ein Vorklang aus der Neuen Welt.
Man fühlt in großen Linien... / den Takt von Argentinien.

IX

Seltsam, diese Dunkelnis!
Dieses Zwielicht, das mich peinigt.
Schrumpft die Welt zum Schattenriß?
Selbst voll feierlicher Strenge
Sind die Sonnenuntergänge
In dem Hochland starr und steinigt.
Oben steht das Haus der Qual:
Escurial.

X

Starrheit ohne Schliff und Schmelz. / Wälle, Mauern, Tore, Fels. / Muren gelblichen Gerölls... Von der Wacht mit wilder Wucht / stürzt es in die Tajoschlucht.
Maurentrödel, zeitverlassen! / Dies Toledo bröckelt steinern / mit den Holperstolpergassen, / mit Morisken und Zigeinern, / stauberstickt im räudigen Pelz.
Wälle. Mauern. Tore. Fels.

XI

Dies fausta, dies illa!
Manchen Flaschenhals bezwang ich.
Malaga und Manzanilla,
Roten trank ich, Weißen trank ich.
Schluckte den Rioja gern,
Adelfüllig, sonnenklar;
(Dieser ähnelt dem Sauternes).

Doch mein schönster Landwein war
Aus dem Dorfe Palomar.

XII

Wenn dieser Greco, grünlich-bläulich,
In kältester Verzückung rast
Um einen Heiland stupsbenast,
Um tölpelhafte Cherubim —
Dann denkt mein Blick: »Es ist abscheulich!«
Doch meine Seele denkt: »... Sublim!«

XIII

Schwarze Fräuleins auf Altanen. / Kerzenkinder, Himmelsbräute. / Sakramente, Heiligenfahnen. / Goldner Schein und Domgeläute.
Kruzifixe bei Monstranzen; / und im Gittergoldgehäus: / Heilandsdiener, Gottesschranzen; / violette Weihrauchboys...
Blumen häufen sich zu Berg; / schwärzlich stapft der Menschstrom, / nasgelockt — vom Räucherwerk, / zum Giganten-Wipfeldom.

Doch ein weißes Traumgespinst / scheint am Steintor stumm zu stehn. / Ein arabisch Auge blinzt — / Kirchen waren einst Moscheen! / Christi Braut in Kreuzesbrunst / hat sie mit Gewalt zerschandelt; / hold verhunzt.
(Auch betünchte Thorabogen / in getauften Synagogen / gucken lammfromm und verlogen).

XIV

Hohe Himmelsheilige schauen / auf die Menge kniegeduckt, / auf die Mohrenaugenbrauen / eines Jungen, der sich juckt / — während seine braune Braut / (schwarzgefiedert, matte Haut) / auf die Fliesen spuckt.
Orgelflüstern, gipfelschwingend. / Widerhall in Rätsel-

gängen. / Fern entweltlicht, zart verklingend, / mit zerschwebenden Gesängen.
Sarkophage; Gottesmütter. / Kerzendunkel; Zaubergitter. / Tote Pfaffen; tote Ritter...

XV

Murillo: lieblich-lämmlich-kindlich;
Im Himmelskitsch unüberwindlich!
(stark neben seinen süßen Masken
Hängt das Fabrikbild des Velasken...)

XVI

Mittagsglanz; am Katarakt, / wo die Sierra, nacktgezackt,/ pomphaft die Pupille packt.
Oben, ohne Schutz und Schirm, / brütet eine breite, barve,/ gottgeduldige Agave, / mitten auf dem Felsgetürm. / Die Agave harrt und starrt, / fern von jeder Gegenwart, / ohne Inhalt, ohne Ziel / — wie ein schlafender Schlemiel.
Von der Sonne heißgekocht, / fristet sie ihr Leben focht, / Sommer, Winter, Herbst und Lenz... / Ist das eine Existenz? — ? — ? –

XVII

Francisco Goya. Bodenschlächtig.
Bist einer von den Menschenfängern.
Den Alltag malst du ... mitternächtig
Trotz Winzern, Buben, Stelzengängern,
Trotz Jungfern und Gitarresängern.

Lemuren schielen vampyrstill.
Die Sonne selber blinzt verdächtig
Beim Tanz der Mädels; im April.

XVIII

Burgos! Zaubertürme, Rampen. / Zierer Krimskrams. Steingemäuer./Heilige Erker. Gnadenlampen./Wasserspeier-Ungeheuer. / Seitendächer tragen Traufen./ Wilde Söller, säulenbündlig. / Treppen, die in Nichts verlaufen. / Steingeländer, stürzend-schwindlig. Märchengänse; Teufelsvögel. / Mißgetümlich, fabeltierisch. / Pfeilerfirste. Marmorkegel.
Eine Gotik: juwelierisch.

XIX

Heimatlich gewissermaßen
(Wenn sich wild an Haldenhängen
Lichtgrau Feigenbäume drängen)
Sind im Frühling Abendstraßen;

Wo, vom Bauermann begleitet,
Leise wippend mit dem Fuß,
Eine Frau das Maultier reitet —
Andaluz! Andaluz!

Manchmal aus entschwebten Tagen,
Wie zerspellter Saiten Schall,
Geistern Sarazenensagen,
Warnend talkt's der Wasserfall.
Kissenberge, duftumfangen,
Eingedrückt von sachten Wangen...

Alle Zacken werden weich.
Und ein lila Abendreich
Spendet späten Schattengruß.
Kuppen, apfelsinenfarb;
Heuduft, eh' die Sonne starb —
Andaluz! Andaluz!

XX

Cadiz in der Wassermitten / einer süder-frischen Welt, sanft vom Silberschmied geschnitten, / und wie aus dem Ei gepellt.
Rosa, hellgrün sind die Wände, / doch die Söller weiß wie Schnee. / Und an jedem Straßenende / schaut man schimmervoll die See. / In dem Städtle kreuz und quer, / kehr dich hin, kehr dich her — / guckst aufs Meer.
Cadiz, ohne Wagenrasseln; / wo die Bürger nicht berserkern, / still sich über Puppengasseln / sonnen in verglasten Erkern;
Oder: still und ausgeruht / in dem Parque Genovés, / jenem Garten an der Flut, / sitzen sie auf dem Gesäß.
Träumen ruhig, sachgemäß. / (Palmen ragen rindenrunzlig; / Blumen schmeicheln schmiegig-schmunzlig — / in dem Parque Genovés).

Wenn der Regen nachgelassen
(Auf dem Weltmeer ist's noch hell),
Schreit' ich durch verschollne Gassen
Nach der Plaza Isabel.

Bleicher wird die Flutenbahn.
Späte Lüfte, salzig-feucht.
Leiser Glast am Ozean.
Blinkefeuer. Turmgeleucht.

Staunend steh' ich still und seh's —
Und das Dunkel flitzt verstohlen
Über weiße Abendmolen
Zu dem Parque Genovés.

XXI

Genug! Bald hat die Feder Ruh —
Mit Versen voll sind zwanzig Blätter.
Die Welt ist schön, zum Donnerwetter!
Und Eine — die gehört dazu.

Du klommst mit mir auf jeden Pfad,
Du zogst mit mir durch alle Fernen,
Du lachtest unter Abendsternen
Und bliebst mein starker Kamerad.

Und manchmal scholl ein stiller Ton:
»In Deutschland wartet unser Sohn.«

Du bist, ihr seid... der neue Tag,
Des schweren Herzens leichter Schlag.
Das Lachen nach dem Leide.
Ihr spannt ein dämmerbuntes Band
Zum Träumebaum ins Kinderland —
Ihr beide. Ihr beide...

XXII

Der Fittich rauscht. Die Muse spricht:
»Der Puls des Bluts wird zum Gedicht...
Ob Nord, ob Süd:
Noch einmal prangt die Welt im Licht —
Das Leben blüht«.

Das Wort verhallt, der Ton verhallt;
Zum Fenster segelt die Gestalt.

Ich saß am Tisch — im Grunewald.

IV.
Allegro con fuoco: Begegnungen

Rudolf Kommer

Wankende Welt, taifundurchtost;
Roheit und Raub; nicht Rast noch Ruh;
Doch aus Trümmern winkt mir ein Trost:
Menschen wie Du.

Jahrzeit für Otto Brahm

Sind es wirklich schon so viele Jahre,
Die man heute staunend übersieht,
Seit der Sonderbare, Wunderbare,
Dunkel-Lichte schweigend schied?

Der in tiefen, schmalen Seelenschächten
Furchtlos focht, von scheelem Schein umloht,
Der dem Ungemildert-Echten
Eine Heimat in der Schminkwelt bot.

Der, ein zäher, unvergessner
Held den Tand vernichtet hat;
Der ein Menschenbethaus ohne Messner
Seelensuchern aufgerichtet hat.

Sind es wirklich schon so viele Jahre,
Die man heute staunend übersieht,
Seit der Sonderbare, Wunderbare,
Dunkel-Lichte schweigend schied?

Der Dichter Hermann Bang

I

Wenn die Jahre so gehn und verwehn,
Sinnt man: wie hat er ausgesehn?

Die Schwermut im Aug' war das Bleibende,
Dort sah man ewig Wolken ziehn:
Sonderbare, schwer zu beschreibende
Melancholien.

II

Haltung. Zusammengebissene Zähne.
Und immer Gram um die Lippen zu lesen.
Er war ein feiner, dunkler Däne,
Von feinem, dunklem Menschenwesen.
Etwas scheu, verschlossen, schwierig;
Vom Kopf bis Fuß kavalierig.

III

Er glich dem Baum, in der Wurzel geschwächt.
Der niemals blüht.
Spätling aus altem Schwertgeschlecht;
Schon atmensmüd.
Möglichst fern von der Menschenherde
Unbehaust im eignen Bau —
Er liebte manches auf der Erde,
Doch nie eine Frau.

IV

... Es war bei Freunden. Nach dem Essen.
Die Herren sah man in Sesseln ruhn.
Die Töchter tanzten schon unterdessen.
Ich hatte Lust, es auch zu tun.
Der Dichter stand in matterem Schein;

Er lud mich höflich zum Sitzen ein.
Doch scherzend, gelockt vom Schimmer des Lichts,
Sprach ich: »Aus Männern mach ich mir nichts!«

Ich sah, wie sein Blut zur Stirne stieg.
Er senkte den Kopf ... und schwieg.

Da bin ich vom Klang meines Worts erwacht,
Das eisig mir zum Herzen kroch;
Ich hatte nichts Böses dabei gedacht.

Nun kränkt es mich doch, bedrängt es mich doch —
Und es reut mich immer und immer noch.

V

Die Schwermut im Aug' war das Bleibende,
Dort sah man ewig Wolken ziehn:
Sonderbare, schwer zu beschreibende
Melancholien.
Die Jahre gehn, die Jahre verwehn —
Doch! so hat er ausgesehn.

Jahrzeit für Klabund

Hie liegt Klabund
Vom Tod gefällt.
Er mußte früh (durch Lungenschwund)
Aus dieser Welt.

Er suchte hier das Wunderbare
Und war ein wirklicher Poet;
Er wäre heut schon vierzig Jahre
(Gott, wie die Zeit vergeht!)
Auf seinem Grabe wächst das Gras.
Gedenket sein, er starb so jung.
Und trinkt auf ihn ein stilles Glas
Heut abend in der Dämmerung.

Eugen d'Albert, Pianist

I

Ein Zwerg saß vor dem Klimperkasten,
Ein Gott schlug unsichtbar die Tasten.
Die Welt erklang beglückt und bang:
Appassionata. Sturmgesang.

II

In Lettland liegt eine alte Stadt,
Die neuen Glanz gewonnen hat;
Sie gilt als Trost im Jammertal,
Um Ehetrennung zu betreiben.
Es schafft ihr gütiges Tribunal
Ein Paradies für das Entweiben.

Dorthin zog er, auf später Bahn,
Und tat ... was er schon oft getan,
Denn seine Übung mußte groß sein:
Es galt ein Urteil zu erzielen,
Er wollte wieder eine los sein —
Er starb in den Sielen.

III

...Ein Zwerg saß vor dem Klimperkasten,
Ein Gott schlug unsichtbar die Tasten.
Die Welt erklang beglückt und bang:
Appassionata. (Schlußgesang).

Richard Beer-Hofmann

I

Rast das Leben? Kinder, Kinder!
Richard..., bist schon sechzig Jahr?
Ich erfuhr es, als ich in der
Republik Andorra war,
Wo zur Alm die Maultierherde
Über krumme Grate kriecht,
Und der Mensch den Schweiß der Pferde
Durch den Mist der Hammel riecht.

Dicker Dung und dünne Dirnen;
Hühner-Unrat weißlich-blond...
Aber jenseits fassen Firnen
In den heiligen Horizont.
Dort, im Licht, erhaben-heiter,
Stumm und laut, entfernt und nah,
Richard ragt die Jakobsleiter,
Die Dein inniges Auge sah.

Träume, die wir Dichter hatten,
Sind verfrühtem Tod geweiht;
Das Gebild flieht wie ein Schatten
In das große Grab der Zeit;
Auch Dein Charolais, der Graf, flieht
In den Dämmer und entschwebt;
Aber, Richard, Mirjams Schlaflied
Lebt — so lang' die Sprache lebt.

II

Vierunddreißig, ach, entfernte
Jahre trug Dein Scheitel noch,
Als ich einst Dich kennen lernte:
(Innsbruck; Chur; Schlappina-Joch!)

Hattest Sommer auf den Wangen,
Helle Hoffnung war geküßt —
Freund, was hast Du angefangen,
Daß Du heute sechzig bist?

Der Polemist

I

Wenn ich diesen Burschen lese,
Mahnt mich immer was an Käse.
Wie er schabt und wie er schuftet,
Silben dreht und Worte klaubt,
Wie er schweißverweslich duftet,
Wie er glubscht, ob man ihm glaubt.
Wie er mistet, rabulistet!
(Allemal
Stellt das Kruppzeug sich »entrüstet
Aus Moral«.
Sittlich die Empörungsmiene.
Polemistviech mit Routine).

II

Sätze pflücken, Sinn verrücken,
Fetzen fälschen, Finten fädeln,
Letzte Journalistentücken
Mit dem Brustton eines Edeln.
Winkelanwalt, Kniffgruppierer.
Täuschen ist sein Tagewerk.
Ehrenschänder, Schmähschriftschmierer,
Aufgeblähter Jammerzwerg.
Auf spottbilligen Gebieten
An dem kleinsten Auswuchs klebt er.
Parasit an Parasiten.
(Darin lebt er; davon lebt er.)
Firm in fälschender Gemeinheit,
Schmierian wie eh und je,
Kämpferich für Recht und Reinheit
Mit dem Dreh.
Schwindelschwätzer; »u« für »x«.
Richterpose; Gaunertricks.

Eine pathosmieße, fette,
Krüppelkrumme, lügenlahme,
Kleine Querulantenklette
Mit dem Hunger nach Reklame.

III

Ohne Hemmung, ohne Störung,
Täuscht und arrangschiert er plump.
Immer Brustton der Empörung: —
Ein »gerechter« Lump.
Ein »gestrenger« Lump.

Die schale Haut

I

Der Fötus, im Café ertüchtigt,
Spuckt Gift — weil du ihn treffend malst.
Die Mißgeburt, von dir gezüchtigt,
Verbreitet, daß du Löffel stahlst,
September trieft, die Trauben reifen,
Der Himmel ist ein Veilchenstrauß,
Doch fährt der Fötus fort zu keifen
Im Kaffeehaus.
Er forscht, wer lobt ... und wer nicht lobt;
Hier liegt das ethische Problem.
Er schmatzt geschmeichelt ... oder tobt —
Und wirkt moralisch jenachdem.

II

Der Wicht, wenn du ihn treffend malst,
Behauptet, daß du Löffel stahlst.

Rezensent Hering

I

Er stotterte Schmuß. Verschwommnes Geächz.
Er mimte den Herold Piscators und Brechts.
Doch als ihr Todfeind kam — da kroch
Er diesem rasch ins braune Loch.

Und doch:
Der Nazi strich das triste
Subjekt von seiner Liste.

II

Das Leben ist ein seltsam Ding:
Es kommt nicht so, wie man's gedacht.
Der Strich, auf den so mancher ging,
Wird hinter ihm gemacht.

Peregrin der Öffentliche
(Aus einer Oper für Richard Strauss: »Peregrinus Proteus«).

Ein guter und ein Böser,
Halb Lump und halb Erlöser.
Halb Priester und halb Pracher,
Halb Held, halb Flausenmacher.
Halb Heiland, halb Vergifter —
Und ganz ein Wirrwarrstifter.
Ihn plagt die nicht honorige
Verdammte Gier nach Glorie.
Er lebt in einer Wolkenwelt,
Ein Möchtegern mit hohem Ziel,
Ein Possen- und Tragödienheld —
Der Narr in einem Frauenspiel —
(Und ein Schlemihl!)
Bald Stern- und Himmelsgucker,
Bald Gierschlungschlemmerschlucker.
Bald sanftes Salbenbüchschen,
Bald Füchschen voller Tücks'chen.
Halb Bock, halb Tugendbundler,
Halb Schwärmer und halb Schwindler.
Ein Unschuldsvollgebliebener,
Geriebener, Durchtriebener.
Ein scheinbar Still-Weltflüchtiger,
Doch gierend Auffallsüchtiger.
Ein Büßerich, Karthäuserich,
Genießerich, Naschmäuserich.
Voll Eitelkeit gebläht,
Halb Gauner, halb Prophet.
Ein Seher und Verkünder,
Ein Findiger und Windiger.
Halb Schaffer und halb Recke,
Halb Gaffer und halb Gecke.

Bald Großmaul und bald Wimmerer,
Bald Klügerer, bald Dümmerer,
Bald Weicherer, bald Härterer,
Bald Poiatz und bald Märtyrer.
Ein aller Logik lediger,
Maultoller Wanderprediger,
Der lästig durch Geschrei ist
Und überall dabei ist.
Will aller Augen auf sich ziehn;
Er wähnt, die Welt guckt nur auf ihn:
Peregrin! Peregrin! Peregrin!

Rückblick

O Mensch, du mußt das Dasein segnen.
Wie bald ist man ein Würmerfraß.
Was auch für Nummern dir begegnen —
Es macht doch Spaß.

Das Erdenleben bis zum Tode
Bleibt eine fesche Episode.

V.
Finale: Beethoven

Fünfzig Jahre
(1917)

Ich halte still auf meiner Fahrt
Und schaudre, daß ich fünfzig ward.
Ich dachte, daß auf Erden
Bloß andre fünfzig werden.
Die Welt vertost. Die Ahnung spricht:
So stirbt man einst ... und glaubt es nicht.

Sechzig Jahre
(1927)

Was ist unsre Rolle
In Tiefen und Höh'n
Der irdischen Scholle? —:
Leuchtend vergehn!
Im »Faust« scheint die volle
Wahrheit zu stehn:
»Es sei wie es wolle,
Es war doch so schön!«

Durch strahlende Strecken
Stromt' ich feldein —
Da schau ich mit Schrecken

Den Meilenstein
Und holdes Gehege,
Das hinter mir sank …
Du winkst mir vom Wege?
Nimm Gruß und Dank.

Siebzig Jahre
(1937)

Im Zeitenstrom
Tanzt ein Atom.
Hat manche Lust empfunden
In siebzig Traumsekunden.

Bevor es in das All versank,
Winkst du ihm zu … Hab Dank. Hab Dank.

Sehnsucht

Freiheit schaffen, Freiheit leben.
Den Gesang des Seins erfühlen.
Meereswogen! Gipfelstille!
Abgeschiednen Seelen nah.
Im Bewußtsein des Verrinnens
Kämpfer sein und Melodie.

Heimatlich im Hauch der Höhe,
Witternd im Geleucht der Wolken,
Dennoch Bürger dieses Bodens,
Menschenbildern freund und fremd.
Tiefster Trost im Daseinsdämmer:
Kämpfer sein und Melodie.

Freiheit schaffen, Freiheit leben.
Den Gesang des Seins erfühlen.
Meereswogen! Gipfelstille!
Abgeschiednen Seelen nah.
Im Bewußtsein des Verrinnens
Kämpfer sein und Melodie.

Beethoven

Der Wirbel schweigt, die Totenuhr
tickt stumm den Takt der Kreatur;
Ein Tupfen nach dem Tosen.

Das Sterbe-Scherzo der A-Dur:
Choral der Glaubenslosen.

Finis.

Nachwort
Walter Huder

Alfred Kerr hat das Gesetz des Ästhetischen zwar nicht deklariert, jedoch nicht selten wie ein rational Besessener zu praktizieren versucht, nicht als giftiger Schwärmer oder als schöngeistige Ratte im Elfenbeinturm, sondern als Republikaner, als wahrhaft freier Schriftsteller, als wahrheitstrunkener Kritiker. Wie hieß dementsprechend seine These, nein: sein Sollenssatz? »Heute wird als Kritiker siegen, wer unter ihnen der größte Künstler ist.«

Kerr ist längst Teil der Literaturgeschichte, Theatergeschichte (erkennt man Theaterkritik als immanentes Element der Theaterpraxis), ja der Kulturgeschichte geworden, nicht nur jener des sogenannten deutschsprachigen Raumes.

Bis auf die beiden Exil-Texte »Ein Jude spricht zu Juden« und »Der Dichter und die Meerschweinchen« (letzte Novelle vor dem Tode) liegt Kerrs literarische Produktion im Druck vor.

Die Würdigungen, Interpretationen oder auch Verrisse, vielleicht sogar objektiven Darstellungen von Leben und Werk in den einschlägigen Fachzeitschriften, wissenschaftlichen Wälzern (so würde es Kerr nennen), in Dissertationen und Magisterarbeiten, nicht nur hierzulande, sind beträchtlich und tun das ihre. Selbst an einer kritisch-dokumentarischen Ausstellung über die gelebte, erlittene und produktive Existenz dieses »kritischen Temperaments« hat es nicht gefehlt. Sie fand statt anläßlich der Eröffnung des Alfred-Kerr-Archivs in der Akademie der

Künste (Westberlins) September/Oktober 1961 und wanderte von dort nach München und Hamburg, London und Dublin weiter.

Jetzt also werden zwei Exilbücher Kerrs: »Die Diktatur des Hausknechts« und »Melodien« wieder vorgelegt, zwei damals wie heute nicht nur politisch brisante Prosa- beziehungsweise Gedichtbände. Dazu einige Bemerkungen, teils Gedächtnisstützen, teils Akzentuierungen! Kerr hatte schon in den zwanziger Jahren, als der NS-Mob auf die Straße zog, den dort oft konfus wirkenden Nachkämpfern des Spartakus von 1918, also den Linksparteien, geraten, sich doch aus Gründen besserer Taktik und Strategie einen erfahrenen General zu mieten. Er, der Theaternarr, rief schließlich vor der Machtübergabe an Hitler dazu auf, die Theatertempel zu schließen und statt Kräfteverschleiß an Bühneninszenierungen vielmehr den Straßenkampf gegen die SA aufzunehmen. Er blieb zwar bis zum Tode »trotz alledem« ein Fortschrittlicher, einer, der niemals ein Blatt vor den Mund nahm, wenn es um die Wahrheit ging. Was Wunder, daß ihn die Nazis längst vor 1933 auf die Abschußliste gesetzt hatten und er am 15. Februar 1933, durch einen solidarisch gesinnten Polizisten (SPD-Mann, als solcher bis dahin unentdeckt im Dienst) noch rechtzeitig gewarnt, ins Ausland fliehen mußte, Hals über Kopf, in Nacht und Nebel, fieberkrank dazu. Die Familie (Frau und zwei Kinder) gelangten einige Wochen später gerade noch über die Grenze. Tschechoslowakei, Österreich, Schweiz und Frankreich waren die Asylländer der Flüchtenden, zuletzt England.

Am 10. Mai 1933 warfen, aufgeputscht von Goebbels, deutsche Studenten und Wissenschaftler, darunter natürlich auch SA-Männer (aber die verwechselten gemäß Bildungsstand, was man als sogenanntes arisches Kulturgut oder als jüdisch-bolschewistische Asphaltliteratur im Zuge der »Gleichschaltung« abgestempelt hatte), auch die

Bücher Kerrs auf den Scheiterhaufen der deutschen Kultur, und das vor dem Berliner Opernhaus. Jeder Verbrennungsschub wurde mit vorgeprägten Parolen beschrien. Der Berliner Korrespondent der Wiener Volkszeitung depeschierte am Tage darauf unter anderem folgenden Bericht an seine Redaktion: »(Der) Achte Rufer (gab zum Besten): Gegen Verhunzung der deutschen Spache! Für Pflege des kostbarsten Gutes unseres Volkes! Ich übergebe den Flammen die Schriften von Alfred Kerr.« Offizielle Ausbürgerung und Konfiskation (richtig: Raub) des gesamten Besitzes in Deutschland, aber auch noch ins Exil nachgesandte Aufforderungen zur Einkommenssteuererklärung folgten Kerr auf dem Fuße.

»Die Diktatur des Hausknechts« war das erste Exil-Buch Kerrs. Es erschien 1934 in Brüssel mit einer Auflage von viertausend Exemplaren. Kerr hatte die Textkollage im Sommer 1934 in Paris beendet, vier Jahre vor Abschluß des Gedichtbandes »Melodien«. Beide Publikationen wirken wie literarische Dioskuren, gleichsam wie zwei donnernde Zeussöhne, die aber mehr als nur Pferde bändigen wollen. Ihnen geht es oft fast zähneknirschend um den Kampf gegen den Hitler-Faschismus, einig, gleichgerichtet in der gerechten Tendenz, in der Form lediglich durch Prosa und Lyrik unterschieden, auch wenn das Buch mit deklamatorischen Sentenzen beginnt und mit einem Versteil schließt. Der Vierjahresabstand ihrer Produktion wie ihrer Drucklegung spielt insofern kaum eine Rolle, wird lediglich an den Graden der Vehemenz, an zunehmender Klarheit des historischen Erkennens und dem später noch größeren Erfahrungsreichtum deutlich.

Kerr gliederte das Buch in drei Teile, denen er insgesamt »Torsprüche« voransetzt, proklamierende Thesen des Gesamtthemas. Der Aufbau zielt auf eine logische Steigerung des mit ebensoviel Mut wie Intelligenz geplanten Vorhabens: das verstellte Gesicht, ja die Fratze der »Diktatur des

Hausknechts« Hitler nicht nur zu demaskieren, an den Welt-Pranger zu stellen, sondern die Welt auch aufzuklären und zum antifaschistischen Kampf zu mobilisieren. Der Erste Teil mit dem Titel »Die völkische Verwesung« enthält aktuelle Texte: Berichte, politische Feuilletons, Glossen, Pamphlete, Reden und Analysen, die zum Hauptteil nach der Flucht aus Berlin entstanden und in ausländischen Zeitungen oder Journalen bereits erschienen waren. Im Zweiten Teil mit dem Titel »Die vergebliche Warnung« veröffentlicht der Autor eine kluge Auswahl von Texten, die er in den zwanziger Jahren und Anfang der dreißiger Jahre, also bereits nach der Niederschlagung des Spartakus-Aufstands und noch unmittelbar vor dem berüchtigten Marsch der SA durch das Brandenburger Tor, oft mit zorniger Feder geschrieben und in Berliner Blättern, wie etwa in seiner Stallzeitung Berliner Tageblatt, veröffentlicht oder als Rundfunkreden über Radio Berlin gesprochen hatte. Er unternimmt hier eine Art Beweisaufnahme, ruft sich selbst in den Zeugenstand, um den Nachweis zu führen, ja die Beweise auf den Tisch zu blättern, daß er das, was jetzt über Deutschland hereingebrochen ist und nicht nur Europa, sondern die Welt bedroht, längst vorweg gleichsam prophezeit hatte, leider als »vergebliche Warnung«. Der Dritte Teil mit dem Titel »Wer hat die schönsten Schäfchen?...« versucht in Versform — einer Auswahl von Gedichten aus den Jahren 1926 bis 1934 — die Synthese, das Resümee der beiden ersten Teile zu vermitteln. Mehr noch! Kerr will mit diesen Aufklärungs- und Streit-, wenn nicht Kampfmelodien tönende Fackeln der Wahrheit aufstellen, Aufrufe schmettern lassen; denn wie verhält sich angesichts der akuten faschistischen Gefahr die sogenannte freie Welt? Kaum anders als einst die erste deutsche, die Weimarer Republik! »Wahn, Wahn, überall Wahn. / Nach Hirnkraft kräht kein Hahn.«

Was Kerr in seinem als »Torsprüche« formulierten Vorwort mit »historischem Rückblick« meint, wird im Buch selbst unter vielfache Aspekte gestellt, wird gleichsam dialektisch eingefangen, von immer neuen Seiten her beleuchtet, durchleuchtet. Daß der Autor dabei nicht selten die Belichtung fast überdreht, muß verständlich bleiben: wenn er etwa die Weimarer Republik mit ihrer Zersplitterung in Parteien, Parteienzank, vor allem aber mit der Uneinigkeit ihrer großen Linksparteien im Kampf gegen Hitler aufs Korn nimmt, »diese laue, flaue, schlappe, mutlose Republik, die keine war«. Nahezu alttestamentarischen Zorn schleudert er gegen Gerhart Hauptmann. Hatte nicht Leo Tolstoi noch an der Schwelle des Grabes dem Zaren und seiner Gesellschaft entgegengerufen: »Ich kann nicht schweigen.« Aber: »Hauptmann ... konnte.« Dies nach der Bücherverbrennung und dem offenkundig gewordenen Terror in Deutschland. »Seine nächsten Freunde waren Opfer. Er schwieg.« Das sind nicht nur ehrliche, sondern auch bittere Sätze: denn Kerr hatte einst Hauptmann auf den deutschen Bühnen durchgesetzt.

Kerr liefert in mehrfachem Sinne ein Lehrbuch, treibt er doch nicht nur kritische Kultur-, Gesellschafts-, selbst Wirtschafts-Analyse, so zum Beispiel jener Länder, durch die er flüchtet, die ihm Asyl gewähren, wo ihm zwar so manch Gutes, Freundlichkeit, aber auch Unfreundliches zuteil wird. Er war übrigens schon früh ein Selbstanalytiker, ja Selbstkorrektor gewesen. Dieser Hang verstärkt sich jetzt in der Exilzeit. Kerr beobachtet seinen Gemütszustand wie ein Psychologe. Er überrascht mit einem Kenntnisschatz aus der europäischen Philosophie und Weltgeschichte, wobei der Hauptakzent natürlich auf Frankreich liegt. Ihn beschäftigen das peinliche Verhältnis der deutschen Intellektuellen zu Hitler, die Misere der deutschen Sozialdemokratie und er plaudert zwischendurch auch gern. Warum auch nicht? Er lehnt auch im Exil, nein gerade jetzt im Elend erst recht ab, »Mitglied einer 'Genossenschaft an den Wässern Babels' zu sein«. Zurecht stellt er die Frage: »Glaubt ihr, daß ein Mensch handeln kann, der ein Geschöpf auf Halbmast ist?« Und Kerr will handeln, ja fechten. Die Nazis sollen nicht noch den zusätzlichen Spaß haben, aus ihm sei durch die Vertreibung ein Trauerkloß geworden. In diesen Zusammenhang stellt er einen der empfindsamsten Absätze seines Buches, zugleich ein introvertiertes Bekenntnis großer Traurigkeit: »Kennt ihr einen deutschen Spruch aus der gewesenen Heimat (der schon alt ist — und noch lange gelten wird); er heißt: 'Ich komm, ich weiß nicht woher; ich geh, ich weiß nicht wohin; was ist's, daß ich so fröhlich bin?' / Nur mit einer kleiner Variante zu sprechen: 'Ich komm...ich weiß leider woher!'«.

»Melodien« war das dritte Exil-Buch Kerrs, nachdem »Die Diktatur des Hausknechts« 1934 in Brüssel und »Walter Rathenau. Erinnerungen eines Freundes« 1935 in Amsterdam erschienen waren. Der Gedichtband »Melodien« wurde 1938 in Paris publiziert. Das Impressum dieser Erstausgabe teilt mit: »Von diesem Gedicht-Band wurden 50 Exemplare vom Verfasser handschriftlich signiert. Sie werden zum Preis von 10.- schw. Frk. verkauft. Den Erlös dieser von 1 - 50 nummerierten Exemplare stellen Verfasser und Verlag für die Unterstützung der politischen Gefangenen in Deutschland zur Verfügung.« Damit waren zugleich Tenor und Tendenz der Publikation ausgewiesen. Wiewohl in Versen verfaßt, ging es um alles andere als um Lyrismen. Die Stoßrichtung sollte abermals antifaschistisch, also politisch und damit zugleich hilfreich sein, hilfreich den Opfern des Faschismus und denen, die solche Opfer werden mochten oder zu werden drohten.

Der Erstausgabe hatte Kerr eine Widmung vorangesetzt: »Rudolf K. Kommer, der beste Freund, den ich im Leben traf, empfange dieses Buch zu immerwährendem Dank.« Die Recherchen für eine zur Zeit in Arbeit befindliche Dissertation über Existenz und Produktion Kerrs im Exil haben aufgrund inzwischen vorliegender CIA-Dokumente ergeben, daß besagter Kommer zur Zeit der Staatsmacht des deutschen Faschismus als Doppelagent tätig war. Kerr ahnte das nicht.

Als politisches Buch sind Kerrs »Melodien« nicht etwa auf Pamphlet oder Kampfgesang, auf Trotz- und Mahnlieder beschränkt, sondern auch ein Versbuch der Erinnerungen und menschlicher Bekenntnisse, ein Buch mit Liebesgedichten und lyrischen Widmungen. Das nimmt jedoch dem Buch nicht seinen politischen Rang. Wurde Goethes 'West-östlicher Diwan' etwa ohne politische Relevanz geschrieben? Kerr bereitet seine ganze Melancholie, ja selbst Sentimentalität, jedoch auch seinen Unwillen und Zorn aus, um den Verlust seiner Lebensgeschenke durch die politische Macht des Faschismus zu verdeutlichen, stets jedoch als warnendes Beispiel für die bislang noch nicht Betroffenen.

Das vorletzte Gedicht in Kerrs Exil-Buch »Melodien« (geschrieben: Paris 1938; Jahr der Okkupation Österreichs und der Randgebiete der Tschechoslowakei!) trägt zwar den romantisch angehauchten, aber vom Autor selbst wohl recht demonstrativ gemeinten Titel »Sehnsucht«, einen Titel deutscher Gemütscharakteristik. Der Schlußvers lautet: »Kämpfer sein und Melodie.« Dieses Bekenntnis muß im historischen Kontext beurteilt werden. Kerr, gleichsam als Nachfahre des einstigen Politsängers Walther von der Vogelweide, allerdings jüdischer Herkunft aus dem Schlesischen, schlägt hier am trefflichsten Töne der von ihm geforderten »Politik der Ethik« an: als Aktivist und Ästhet, als politischer Kämpfer und Lyriker, ja eben als Abendländer, Ovid-, Michelangelo-, Heine- und Gutzkow-Nachfolger. Er gibt trotz Weltbedrohung durch den Faschismus nicht auf, trotz Verbannung, trotz des immer mehr um sich greifenden Elends der Existenz, trotz Heimweh, trotz Enttäuschungen durch alte Bekannte aus guten Zeiten, nein, er gibt nicht auf, das Leben zu bejahen und, solange es ihm kräftemäßig gegeben sein mag, weiterzukämpfen, nicht doktrinär, nicht einseitig, sondern als Mensch: »Kämpfer sein und Melodie.«

Kerr hat seinen Gedicht-Band »Melodien« gleich einer Symphonie gegliedert, allerdings recht eigenwillig wie einstens der von ihm bewunderte Robert Schumann. Der Erste Teil des Buches ist mit 'Tutti', der Zweite Teil mit 'Solo' überschrieben, der eine das Ganze, das Allgemeine, die Gesellschaft und der andere das Ich, die Individualität, das Intime des Autors selbst betreffend, ohne es jedoch aus der Gesellschaft zu eliminieren. Auf den ersten Eindruck hin scheinen die Teile trotz ihrer klaren Gliederung konfus gewählt zu sein. Im Endeffekt, so erkennt man aber zuletzt, stehen sie zueinander in dialektischem Verhältnis. Hier wurde in Versen, von der Geschichte getrieben, Geschichte geschrieben. Was trieb — die Geschichte — war Menschenwerk, besser gesagt: Menschen-Untat. Und was geschrieben wurde, war eines Menschenwerk. Also gab es ihn! Kerr hob Titulierung, die thematische Akzentuierung der einzelnen Sätze seines zweiteiligen, symphonisch apostrophierten Gedichtbuches deutlich gegeneinander ab. Er hatte musikalisches Gespür, sogar im politischen Kampf.

Die sechzehn Gedichte des ersten Satzes, obwohl zahm als 'Fuge' deklariert, schmettert er gegen die Nazis hinaus, ruft er aber auch denen zu, ja ins Gewissen, die sich endlich auf den notwendigen Abwehrkampf gegen den deutschen Faschismus besinnen müßten, vor allem den Franzosen. Kerr ist alles andere als pingelig im Gebrauch seiner Ausdrücke für den Faschismus und dessen Anhänger. Ihre Deftigkeit besitzt Wahrheitskolorit. Während zum Beispiel das diplomatische Korps in Berlin, darunter nicht wenige Vertreter westlicher Demokratien, auch Frankreichs,

Englands, der USA, zum Neujahrsempfang in der Reichskanzlei wie im Lakaien-Dreß erscheinen und den Führer des Reiches, wie sich Hitler jetzt auch noch nennen läßt, diplomatisch hofieren, angeführt von ihrem Doyen aus dem ach so christlichen Vatikan, wo doch, wie es heißt, der Stellvertreter Gottes residiert, nimmt zu gleicher Zeit Kerr kein Blatt vor den Mund, nennt Kerr die Herren des Dritten Reiches, dieser kleinkarierten, sich aber ärger gebärdenden Kopie von Mussolinis italienischem Faschismus, also »Plagiatfaschismus«, »Krätze«, »Klosettgewächs«. Weltweit fordert er dagegen »Abtrittfeger«, »Kammerjäger«, rechtzeitige Beseitigung solchen Unrats, ja Ungeziefers, ruft auf zur Gründung einer »Weltgesundheitspolizei«, um den sich ausbreitenden »Allerseelentyphus« der Faschisten auszurotten. Warum? ja, sieht mans denn nicht? »Unsere Erdensiedelung versinkt«, wenn die letzten politischen Moralisten angesichts der faschistischen Weltbedrohung weiterhin den Kopf in den Sand stecken.

Kerrs Wortwahl, deren Deftigkeit wie Trefflichkeit erinnern an Hans Sachs, in ihrer verschmitzten Konstellation aber auch an Wilhelm Busch. Seine Texte sind kabarettreif, das es damals jedoch in Deutschland für solche Richtigkeiten und Wahrheiten des Wortes nicht mehr geben durfte, wenn, dann für mutig und klug camouflierte Texte wie jene, die, vorläufig von den Herrschenden noch nicht begriffen, Werner Finck in der Berliner Katakombe wagte.

In den nächsten vier Sätzen des Ersten Teils mit den Deklarationen 'Andante', 'Rondo', 'Marcia' und 'Psalm', derart ebenso hintergründig wie richtig zugeschnitten, widmet Kerr seinem 'Deutschland', seinem 'Exil', den mit ihm aus Deutschland 'Verbannten' und 'Juda', zuletzt also seiner Herkunft, seiner Familie, in diesem Zusammenhang auch jener apokalyptischen Hoffnung für sein jetzt in Deutschland verfemtes und verbranntes Werk: »es erscheint am jüngsten Tag / Ein Neudruck für die Ewigkeit / im großen Seraphim-Verlag / Und mit Jehova-copyright.«

Was Kerr dazumal sozusagen in Gottes Ohr sprach, erfüllt sich inzwischen als irdische Vorwegnahme. Sein Werk liegt im Druck fast wieder vor, zwar nicht bei S. Fischer wie dereinst, doch realisiert durch andere Seraphime, die wissen worauf es ankommt.

In den Sätzen II bis V dieses Teils singt Kerr einen Schwanengesang seiner Liebe für Deutschland, für die deutsche Landschaft, mit »echten Zähren« im Auge, und warum nicht auch an »die still vom Abendstern bestrahlte / Stätte, wo er Steuern zahlte«. Gleichsam von der Seine zum Rhein und über dessen Ufer hinweg hinüberrufend, intoniert der germanisch-jüdische Barde aus Breslau den bitter-süßen Nachtgesang: »Güldne Germania, / Du, meine Stiefmama, / Hatte dich herzlich lieb — / Bis nichts mehr übrig blieb.« Der von seiner Heimat Enttäuschte — nicht nur das — Verfemte, Beraubte und mehr, nennt mit Tränen im Auge sein Exil »hold«, erbost, fast trotzig und vor Heimweh gleichsam liebeskrank. Sein Hohngelächter wie seine Tränen halten sich die Waage.

Mehr als nur literarische Denkmäler setzt Kerr seinen Leidensgenossen der Kultur- und Gesinnungsverwandten, den ihm nächsten Zeitgenossen der Kultur- und Existenzqual, welche die Faschisten ausgelöst hatten: Helmut von Gerlach, Egon Erwin Kisch, Ernst Busch, Hermann Wendel, Kurt Hiller, vor allem aber Max Hermann-Neiße, für den er ein weit in die Literaturgeschichte hinein geprägtes Porträt schafft, wie es wohl die gewieftesten Literaturwissenschaftler akademischer Couleurs nicht vermögen, vergleichbar jenem Goethe- und Schiller-Bild, das Thomas Mann in seinem Roman 'Lotte in Weimar' (1939) gelang. Es wäre falsch, ihn dabei lediglich als Hymniker abzustempeln. Er bleibt auch innerhalb dieser Intention Kritiker, Kulturpraktiker, sagt, was eigentlich Lyrik nicht nur in jener Zeit, sondern stets sein müßte, um Sinn zu haben. Und er sagt es verständlich, verwendbar für modernste Poetik.

Im Zweiten Teil seiner lyrischen Exil-Symphonie, betitelt 'Solo', nimmt sich Kerr, der aus Deutschland Vertriebene, der im Land der Kindheit und des Lebensglückes wie Lebenstriumphe Entrechtete, Enteignete, in die Intimität der Familie, der Existenzvisionen, der einstigen Lebenswanderschaften und alten Freundschaften zurück. Doch kein Vers dieser achtunddreißig Gedichte, den Abteilungen nach gegliedert und deklariert als »Vivace«, »Aria«, »Scherzo«, »Allegro con fuoco« und »Finale« ist ein Rückzug, sondern vielmehr durchtränkt vom Bewußtsein, ja von einem Temperament, jetzt selbst die Mannen aufzurufen, wenn nicht aufzustöbern, um auch ihr Potential für die Rettung des Abendlandes gegen Hitler zu reaktivieren. Was da an Tönen angeschlagen, an Pathos und Sentimentalität aktiviert wird, an Heiterkeit und Wut, selbst an nur zu verständlichem Haß, der sich, wie das bei Haß natürlich ist, auch verirrt, solche Gesamtmobilisierung einer noch verblicbenen Existenzpotenz ist nicht nur bewundernswert, sondern auch erschütternd.

Im 'Finale' des Gedicht-Bandes, das der Autor Beethoven gewidmet hat, stehen die Verse: »Freiheit schaffen, Freiheit leben. / Den Gesang des Seins erfühlen. / Meereswogen! Gipfelstille! / Abgeschiednen Seelen nah.« Sind das Verse eines Dichters oder nicht? Ja: sie sind es! Und außerdem sind es Worte, die man nicht nur lesen, sondern in die Gehirne der Menschheit einhämmern müßte, damit für alle Zeiten und überall auf dieser Menschenwelt das vermieden wird, was zwischen 1933 und 1945 durch Deutschland geschah, geschehen durfte.

Inhalt

Die Diktatur des Hausknechts

Zweiter Teil
Die vergebliche Warnung

Dritter Teil
Wer hat die schönsten Schäfchen?

Melodien

Erster Teil der Musik
Tutti

Zweiter Teil der Musik
Solo

Die Dichtung »Spanien 1923« stammt aus dem Buch des Verfassers: »O, Spanien«; das »Requiem« aus dem Werk »Die Welt im Licht«.

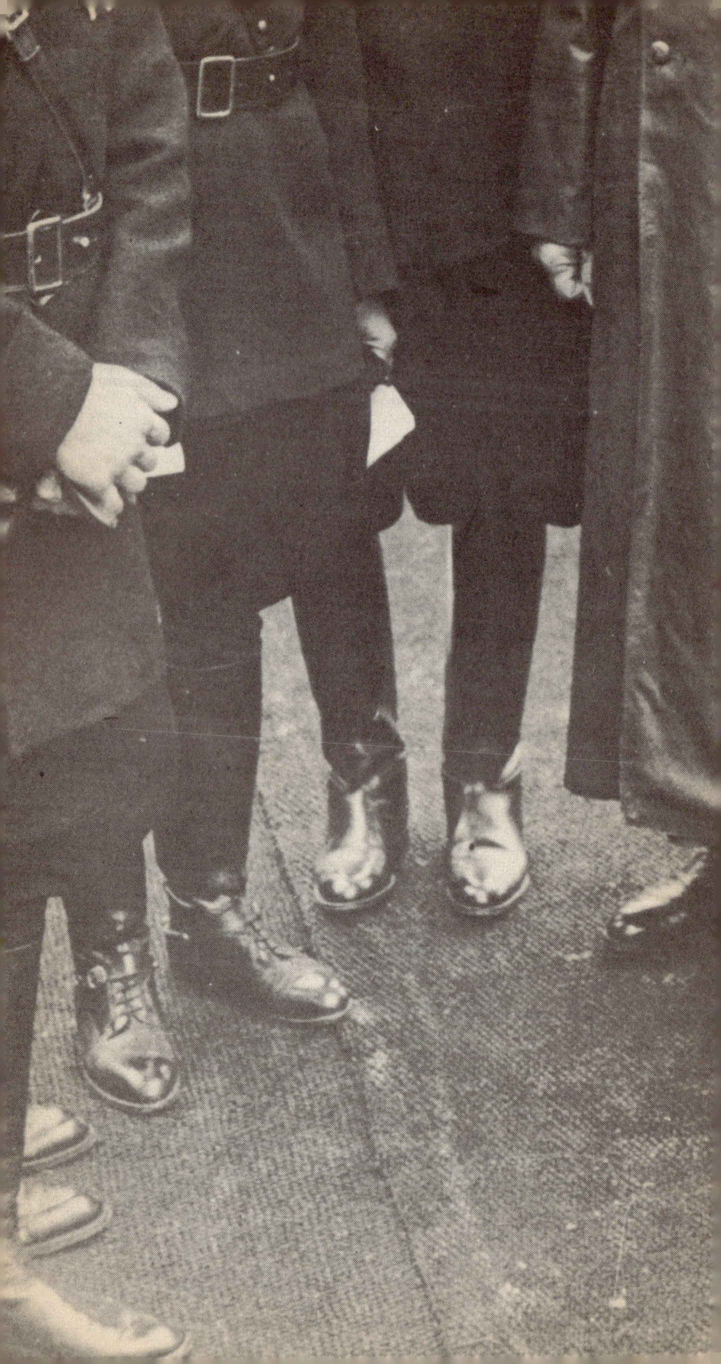

10. Mai 1933

Bücherverbrennung in Deutschland und die Folgen

Herausgegeben von Ulrich Walberer
Fischer Taschenbuch Band 4245

Mit Beiträgen von
Wolfgang Benz, Ursula Büttner, Volker Dahm, Hermann Glaser, Erich Kästner, Gabriele Krämer-Prein, Hans Mayer, Manfred H. Niessen, Gerhard Sauder, Ralf Schnell, Hans-Wolfgang Strätz, Frithjof Trapp und Hermann Weiß

Vor fünfzig Jahren wurden in Deutschland Tausende von Büchern verbrannt. Hochschulprofessoren hielten völkische Jubel-Reden. Wenig später wurden Menschen in Millionenzahl verbrannt.
Mit diesem Band wird eine Summe bisheriger Detail-Forschung gezogen. Fachleute aus mehreren wissenschaftlichen Disziplinen behandeln in ihren kritischen Beiträgen den Forschungsgegenstand aus verschiedenen Perspektiven und legen hier ihre erschütternden Ergebnisse einem breiten Publikum vor – Ergebnisse, an denen sich künftig niemand mehr wird vorbeistehlen können.
Warum die Anstrengungen fünfzig Jahre danach? Damit in Deutschland und anderswo keine Bücher ins Feuer geworfen werden. Denn: Wo man Bücher verbrennt, da könnte man bald auch wieder Menschen verbrennen.

Fischer Taschenbuch Verlag

EXIL

Literarische und politische Texte aus dem deutschen Exil 1933–1945

Herausgegeben von Ernst Loewy
unter Mitarbeit von Brigitte Grimm,
Helga Nagel und Felix Schneider

Diese Dokumentation über das literarische Exil während der NS-Zeit bringt insgesamt 230 ungekürzte Texte (vom Gedicht zum Romankapitel, von der politischen Rede zum Offenen Brief) von hundert verschiedenen Autoren – von prominenten wie fast vergessenen, auf die sie vor allem aufmerksam machen möchte.

Band 1
Mit dem Gesicht nach Deutschland
Fischer Taschenbuch Band 6481

Band 2
Erbärmlichkeit und Größe
Fischer Taschenbuch Band 6482

Band 3
Perspektiven
Fischer Taschenbuch Band 6483

Fischer Taschenbuch Verlag

Lion Feuchtwanger

Erfolg
Roman. 2 Bände 1650

Die Geschwister Oppermann
Roman. Band 2291

Exil
Roman. Band 2128

Jud Süß
Roman. Band 1748

Goya
Roman. Band 1923

Die häßliche Herzogin Margarete Maultasch
Roman. Band 5055

Die Jüdin von Toledo
Roman. Band 5732

Jefta und seine Tochter
Roman. Band 5730

Simone
Band 2530

Josephus-Trilogie.
Band 1: **Der jüdische Krieg.** Roman. Band 5707
Band 2: **Die Söhne.** Roman. Band 5710
Band 3: **Der Tag wird kommen.** Roman. Band 5711

Die Füchse im Weinberg.
Band 1: **Waffen für Amerika.** Roman Band 2545
Band 2: **Die Allianz.** Roman. Band 2546
Band 3: **Der Preis.** Roman. Band 2547

Carl Zuckmayer

Aufruf zum Leben
Porträts und Zeugnisse aus bewegten Zeiten.
Band 5214

Als wär's ein Stück von mir
Horen der Freundschaft
Band 1049

Der Seelenbräu
Erzählung
Band 140

Die Fastnachtsbeichte
Band 1599

Eine Liebesgeschichte
Band 1560

Herr über Leben und Tod
Band 6

Der fröhliche Weinberg/Schinderhannes
Zwei Stücke
Band 7007

Der Hauptmann von Köpenick
Ein deutsches Märchen in drei Akten
Band 7002

Der Rattenfänger
Eine Fabel. Originalausgabe
Band 7023

Des Teufels General
Drama in drei Akten
Band 7019

Rembrandt
Ein Film. Originalausgabe
Band 2296

Fischer Taschenbuch Verlag